泰和泰律師事務所 TAHOTA LAW FIRM

二十周年庆文丛

LEGAL GUIDE TO HUMAN RESOURCE MANAGEMENT FOR SUPERVISORS AND SENIOR MANAGERS

高管人员人力资源管理法律指南

泰和泰劳动人事法律中心◎编

法律出版社 LAW PRESS · CHINA

《高管人员人力资源管理法律指南》

编审委员会

总　序

2000年，泰和泰律师事务所（以下简称泰和泰）创立。20载岁月峥嵘，泰和泰布局全国，展业全球，演绎出区域崛起突围的传奇故事。2020年，泰和泰创立20周年，时节如流，我们回眸20年，著书立言，凝练思想、沉淀方略，探索理论、互融经验，实践的艰苦磨砺与思想的精彩绽放，泰和泰期翼以“卓越、专业、远见、合作”的精神赢得未来。

改革开放42年，泰和泰半程陪伴，倍感荣光。“法者，治之端也。”全面推进依法治国、努力建设法治中国，泰和泰全体同仁将秉持法治理念、坚守法治理想，培养专业人才、打造专业精神，风雨兼程，与国家同向，与时代同行。

深耕专业20年，泰和泰持续发力，深为自豪。“功以才成，业由才广。”泰和泰始终坚信品质提升和专业培养是落实发展规划的基石，不断升级人才培养战略，积极融入“一带一路”倡议大格局，致力于打造更加完善的全球法律服务网络体系。

过去20年，泰和泰以专业突破赢得了现在；未来，泰和泰以专业传承继往开来。20周年庆文丛的出版，是泰和泰人的经验总结、理性思考和执业探索，是泰和泰以专业虚心谋求行业互鉴的品格呈现，更是泰和泰建设百年律所进程中文化积淀的重要里程碑。

有字谜云：春夜喜雨。谜底为“泰”。好雨知时节，20华诞，泰风正劲、和帆正稳，泰和泰正全力构建全新云端知识管理体系，正强力布设以法律服务为引领的国际化、高端化、文化密集型服务产业生态集群，融于时代之变。

理查德·萨斯坎德写道：“法律机构和律师们正站在十字路口，20 年之内将会遭遇剧烈变革，其变化程度将超过过去两个世纪的总和。”值此文丛付梓之时，2020 年疫情仍在全球蔓延，世界经济格局和法律服务行业发展趋势已受到颠覆性影响，危机与机遇并存，戢鳞潜翼，思属风云，泰和泰已然提前布局，进行深度思考。

我们深知：“志之所趋，无远弗届。志之所向，无坚不入。”泰和泰，志愈坚，行愈远，将在巨变中迎接未来。

泰和泰律师事务所

二〇二〇年五月

前 言

随着高级管理人员在现代企业竞争中的地位日渐突出，高薪引进管理人才是企业提升市场竞争力的普遍做法。高级管理人员的劳动者属性决定了其与企业之间仍构成劳动关系，但我国《劳动合同法》并未针对高级管理人员的用工作出特殊规定，导致企业对高级管理人员的管理难度较大、用工风险较高。我们发现，近年来高级管理人员与企业之间的劳动争议案件频发，且在市场经济愈加活跃的背景下呈现出大幅上升趋势。较之于一般劳动争议案件，高级管理人员劳动争议所涉及的法律关系更复杂，尤其是具有股东和企业高级管理人员双重身份的争议案件，可能存在多个法律关系。同时，高级管理人员往往更容易掌握企业的各种信息和资料，这让其在发生争议时更容易举证，也使企业在与高级管理人员的争议中处于被动地位。

高级管理人员管理是企业人力资源管理体系的重要部分，健全的顶层人才管理体系可以使企业在市场竞争中脱颖而出。反之，如果企业对高级管理人员用工管理不合规，高级管理人员的高薪酬将会让企业付出巨大的成本。为此，泰和泰劳动人事法律中心特编写《高管人员人力资源管理法律指南》一书，希望本书能够帮助企业正确识别高级管理人员用工风险，为广大企业提供高级管理人员人力资源管理的实用参考。对于本书编写及表述中存在的不足之处，请各位读者给出宝贵的意见和建议。

目 录

第一章　高管人员涉诉大数据分析

第一节
涉诉概述

诉讼主要分为刑事诉讼、民事诉讼、行政诉讼，是指法院在当事人和其他诉讼参与人参加下，审理解决诉讼案件的活动，以及由这种活动所产生的诉讼关系的总和。

按照高级管理人员（以下简称高管人员）参与诉讼的心理划分，涉诉主要分为两大类：（1）主动涉诉，因自身合法权益受到侵害而主动向法院提起维护自身合法权益的程序；（2）被动涉诉，由于其行为导致国家、集体或第三人的合法权利受损而被动参与诉讼。

按照高管人员参与诉讼的性质划分，诉讼主要分为三大类：（1）民事诉讼，解决的是民商事权益纠纷的问题，如高管人员的竞业限制纠纷、劳动合同纠纷、保密义务等民事诉讼；（2）刑事诉讼，解决的是被追诉者刑事责任的问题，如高管人员职务侵占罪、行贿罪、非法吸收公众存款罪、挪用资金罪等刑事诉讼；（3）行政诉讼，解决的是行政争议，即行政机关或法律、法规授权的组织与公民、法人或者其他组织在行政管理过程中发生的争议，如高管人员与人力资源和社会保障局、证券监督管理委员会、市场和质量监督管理局等行政机关的诉讼。

通过对高管人员涉诉案件的检索，2010～2018年涉诉案件总体呈逐渐上升的趋势（见图1－1），在制造业、批发和零售业、房地产行业、租赁和商务服务业、金融业等人员密集型行业发生诉讼案件的概率较大（见图1－2）。

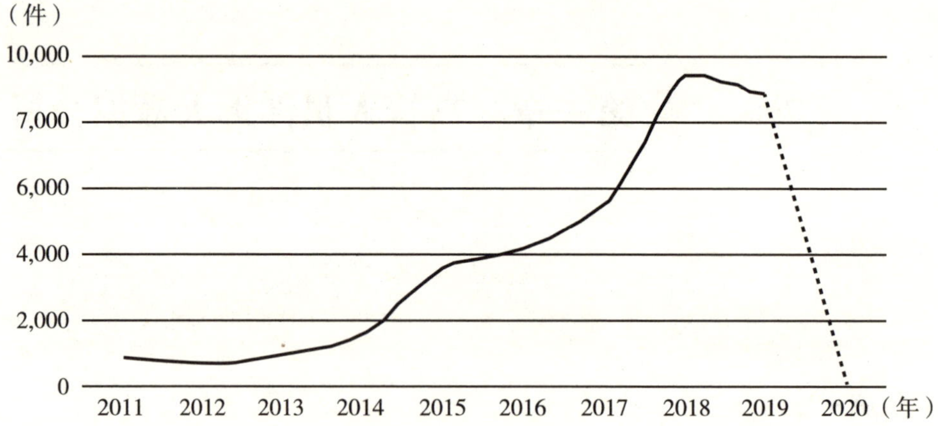

图 1－1　高管人员 2010～2018 年涉诉案件统计（数据来源于阿尔法查询软件）

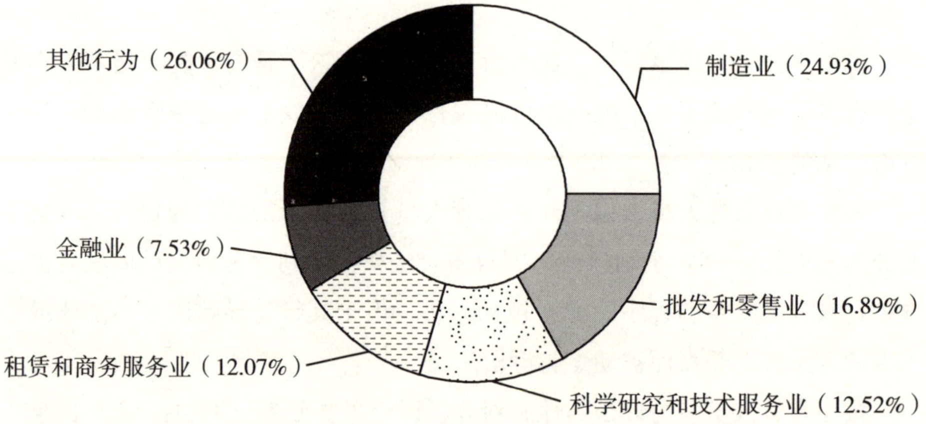

图 1－2　高管人员 2010～2018 年涉诉案件行业划分统计（数据来源于阿尔法查询软件）

第二节
刑事案件

公司高管人员的代表——公司总裁、董事长、总经理等人员的犯罪问题尤为严重，即所谓企业家犯罪问题，像远期的红塔集团褚时健、上海首富周正毅，近期的中石化陈同海、国美集团黄光裕、正菱集团廖荣纳及徽商集团原董事长许家贵等。通过检索发现2009～2018年高管人员刑事诉讼案件共计500件（各个查询软件的数据稍有差距），其中2014年、2017年案件数量较多（见图1－3）。

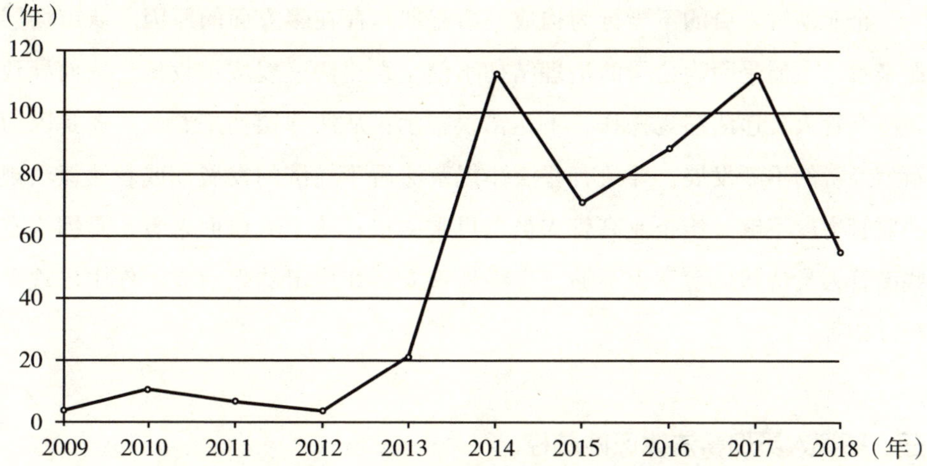

图1－3　高管人员2009～2018年刑事诉讼案件统计（数据来源于无讼）

一、刑事纠纷主要案由

通过检索中国裁判文书网、无讼等软件上的高管人员刑事案件统计，可以得知非法吸收公众存款罪、职务侵占罪、虚开增值税专用发票罪、行贿罪、非国家工作人员受贿罪、挪用资金罪等金融类和职务类犯罪为高发案由（见图1－4）。

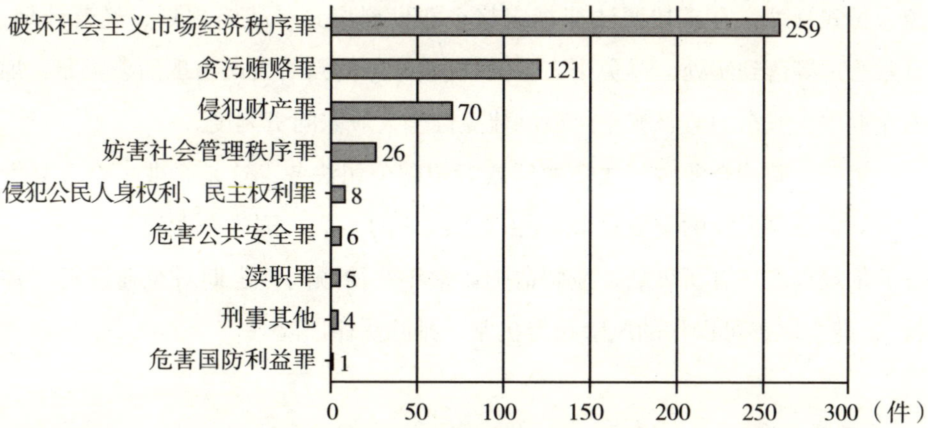

图1－4　高管人员刑事涉案案由分布（数据来源于无讼）

二、高管人员常见的犯罪原因

企业高管人员的不当行为构成刑事犯罪，存在多方面的原因。从市场层面来看，主要是因为公司的治理结构不健全，违法违规成本较低，从而导致一些高管人员违法违规操作，下达错误指示；从法律层面来看，主要是因为新型经济的不断发展，导致有些法律规范滞后于经济的发展，或者法律法规的监管力度不够，给企业高管人员以可乘之机；从个人层面来看，是因为有些高管人员法律风险意识不够，有些高管人员在稳定的生活或工作中出现贪婪欲望等。

三、高管人员刑事法律风险防控

为避免企业高管人员的不当行为构成犯罪，对国家、社会、公司及个人造成损失和不良影响，企业和企业的高管人员需要从以下方面加以防范：

第一，加强企业高管人员基本的法律素养，知法、学法、守法、遵法、用法、普法，转变经营观念和管理理念，坚持“法大于权”，尊重法律权威，运用法律规则管理企业，储备法律智慧，树立正确的市场竞争观念。

第二，完善企业法人治理结构，健全监管机制，填补管理法律漏洞，避免家长式管理，真正按照法律规定将企业发展愿景、战略规划、经营计划、日常管理等落到实处，避免个人主义/权威导致的判断失误出现刑事犯罪，加强企业中小股东的监督权重，鼓励建立健全大股东问责制度。

第三，聘请企业常年法律顾问或者招聘公司法务，这是企业、企业高管人员规避刑事风险的重要屏障。相对于国外的企业，国内企业对于律师、法务的依赖程度还有所欠缺，应聘请企业常年法律顾问，定期对企业进行“体检”，建立完善可操作的风险预警机制，排除法律风险。

第三节

民事纠纷

近年来，随着企业的发展，高管人员作为企业中拥有高学历、掌握企业核心技术、对企业拥有一定管理权或控制权的特殊用工群体，涉诉案件数量一直居高不下。随着企业规模的逐步扩大，高管人员对企业的经营管理、发展壮大具有重大影响，建立完善的人事管理体系能节约企业运营成本，提高员工向心力，反之则可能给企业造成重大损失。

一、高管人员民事纠纷涉诉情况

通过对威科先行法律信息库、无讼等软件上高管人员 2010～2018 年涉诉案件的检索，全国法院审结高管人员涉诉民事纠纷案件分布如下（见图 1－5）：2010 年 214 件，2011 年 110 件，2012 年 127 件，2013 年 294 件，2014 年 1114 件，2015 年 964 件，2016 年 1125 件，2017 年 1199 件，2018 年 519 件。从以上数据可以看出，自 2014 年开始，高管人员民事纠纷涉诉案件在全国出现量的增加。

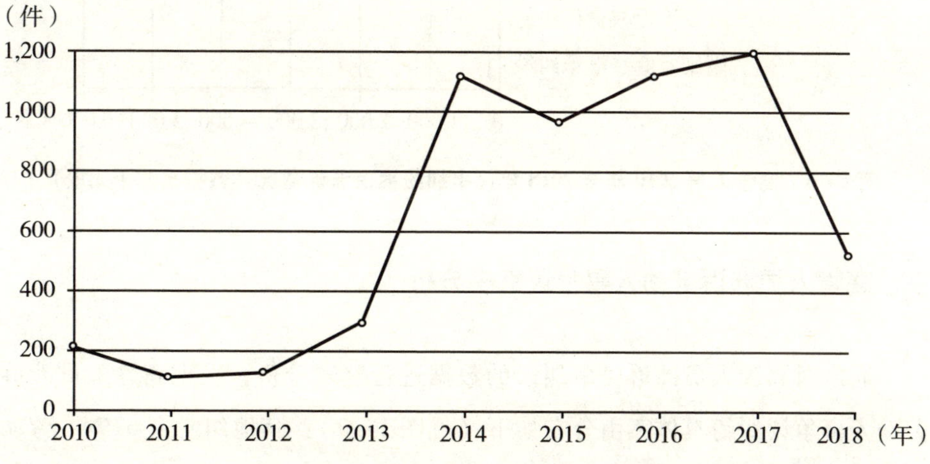

图 1－5　2010～2018 年全国法院审结高管人员民事纠纷涉诉情况（数据来源于无讼）

二、高管人员民事诉讼案由分析

通过对高管人员涉诉案件的检索，2010～2018 年，高管人员涉诉民事纠纷案件 5666 件（见图 1－6），其中劳动争议、人事争议 5184 件，与公司、证券、保险、票据等有关的民事纠纷 221 件，合同、无因管理、不当得利纠纷 158 件，物权纠纷 25 件，适用特殊程序案件 23 件，知识产权与竞争纠纷 20 件，人格权纠纷 15 件，民事其他 11 件，侵权责任纠纷 8 件，婚姻家庭、继承纠纷 1 件。从以上高管人员涉诉民事纠纷案由中可以看出，高管人员涉诉劳动争议、人事争议案件就占 5184 件，案件发生率远远高于其他民事纠纷案由。

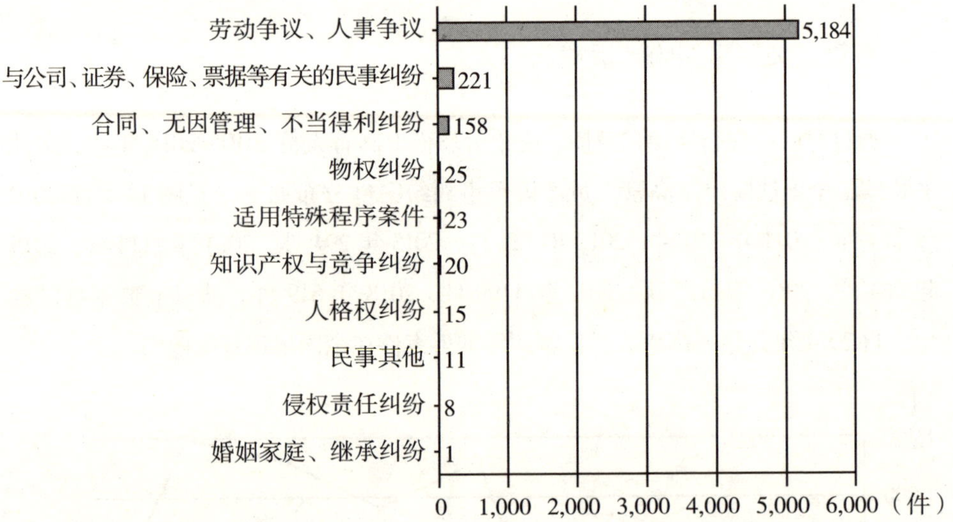

图 1－6　高管人员 2010 年至 2018 年民事纠纷案由涉诉情况（数据来源于无讼）

三、高管人员涉诉劳动人事争议案由分析

通过对高管人员涉诉民事纠纷的数据进行整理分析，发现高管人员涉诉劳动人事争议纠纷具体案由分布如下（见图 1－7）：其他纠纷占 62%，劳动合同纠纷占 26%，追索劳动报酬纠纷占 5%，竞业限制纠纷占 4%，经济补

偿金纠纷占 2% ，确认劳动关系纠纷占 1% ，社会保险纠纷占比极低。

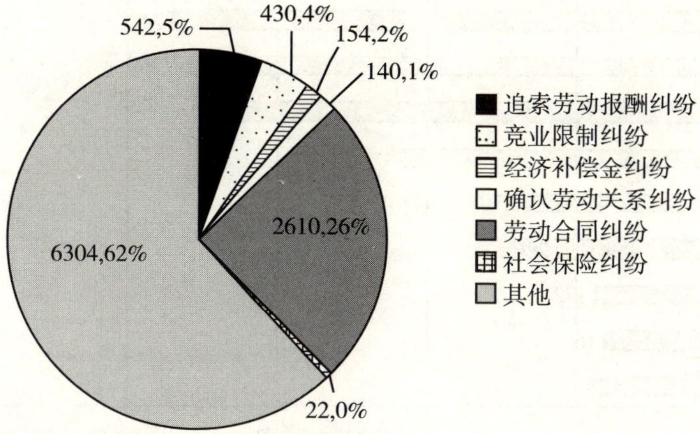

图 1－7　高管人员涉诉劳动人事争议纠纷案由分布（数据来源于威科先行，单位：件）

从以上数据可以看出，企业高管人员因其身份、职位的特殊性，在涉诉劳动人事争议中，追索劳动报酬纠纷、竞业限制纠纷成为典型纠纷。

四、高管人员涉诉劳动人事争议案件地域分析

通过对高管人员涉诉劳动人事争议的数据进行整理分析发现，2010 年至 2018 年中，高管人员涉诉劳动人事争议案件主要集中在经济发达、劳动用工密集的一线省市（见图 1－8），具体分布如下：广东省 833 件，江苏省 740 件，北京市 726 件，上海市 652 件，浙江省 455 件，山东省 270 件，四川省 226 件，福建省 172 件，辽宁省 163 件，安徽省 128 件。以上省市发生的高管人员涉诉劳动人事争议在全国占有较高的比例。从以上数据分析可以看出，近年来，劳动争议案件频发，维权的群体向高管人员逐步扩大，已经成为新的劳动争议热点。

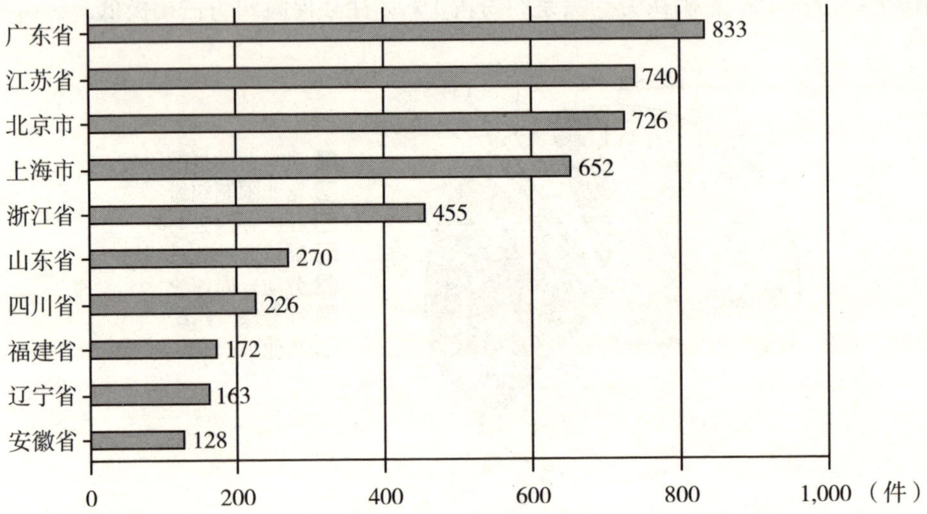

图1－8　高管人员涉诉劳动人事争议案件地域分布（数据来源于无讼）

五、高管人员涉诉劳动人事争议案件特点

在劳动人事争议中，虽然普通员工涉诉案件占绝大多数，但是通过对高管人员近年来涉诉劳动人事争议数量、案由和地域的整理分析可以看出，高管人员涉诉劳动人事争议的数量已经呈逐年上升趋势，且高管人员一旦涉诉劳动人事争议，作为用人单位的企业一方，承担的损失或受到的影响往往比普通员工要高。根据笔者的办案经验和以上数据可知，高管人员涉诉劳动人事争议具有以下特点：

（一）涉案标的数额高

高管人员往往拥有高学历、高职务，在用人单位拥有一定的管理权，其本身的工资福利待遇就高于普通员工，除经济补偿、赔偿金按照社会职工的平均工资（以下简称社平工资）3倍计算外，高额的工资、竞业限制违约金、工资以外的福利承诺、股权激励等，使涉诉金额远远高于普通劳动者。

（二）胜诉比例明显高于普通劳动者

高管人员在管理能力、工作经验、文化知识等方面比普通劳动者突出，大多数高管人员在处理公司劳动纠纷实务中逐渐培养并具备了一定的法律知识，往往能够有意识地去收集和掌握对自己有利的核心证据，并且他们的应诉能力较强，维权也相对较为理性。因此，高管人员一旦涉诉劳动争议、人事争议，作为用人单位的企业一方，承担的损失或受到的影响往往比普通员工要高。

（三）对用人单位的经营发展及用工关系的稳定造成不利影响

高管人员属于用人单位的核心人才，在经营发展中，高管人员因其职务便利或管理权限，往往掌握了用人单位的核心机密和人脉、经营资源，乃至用人单位的团队。一旦高管人员与用人单位之间发生劳动争议、人事争议，将很有可能成为影响用人单位劳动关系稳定、影响其经营发展的重要因素。

第四节
行政诉讼

经过检索可知，高管人员涉及的行政案件 2011 ~ 2020 年共有 525 件（数个查询软件查询数字稍有差别），呈持续上升趋势（见图 1 -9）。

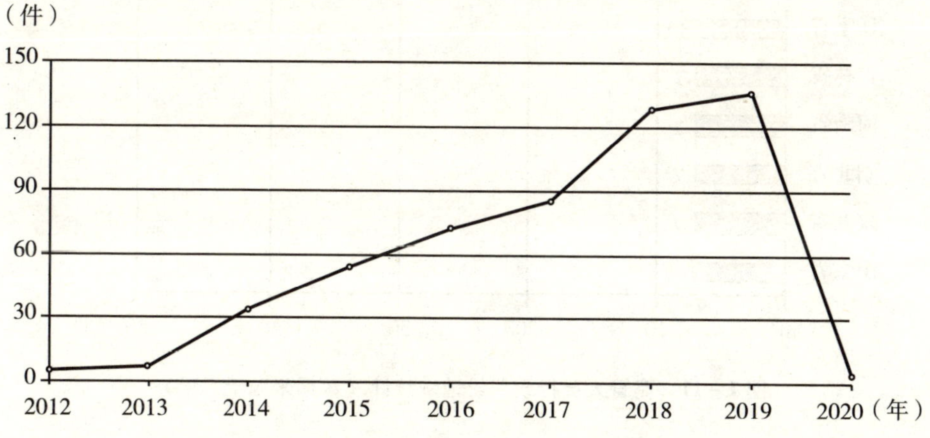

图 1 -9　高管人员行政纠纷案件统计（数据来源于无讼）

经过检索，高管人员主要的行政诉讼案由为行政登记、行政处罚、行政复议等，其中工商登记、房屋登记、民政登记占据较大比重（见图1－10）。

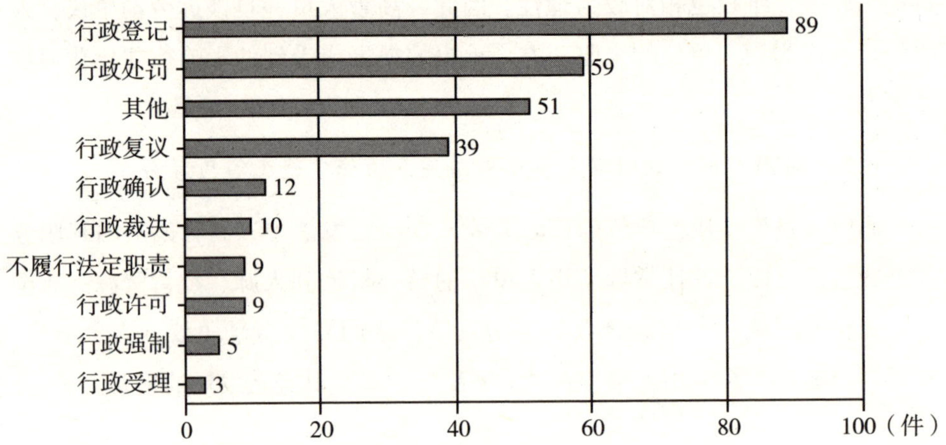

图1－10 高管人员行政纠纷案由统计（数据来源于无讼）

通过对高管人员涉诉行政诉讼的地域分析，2007年至2018年，高管人员涉诉行政诉讼主要集中在北京市、广东省等，详见图1－11。

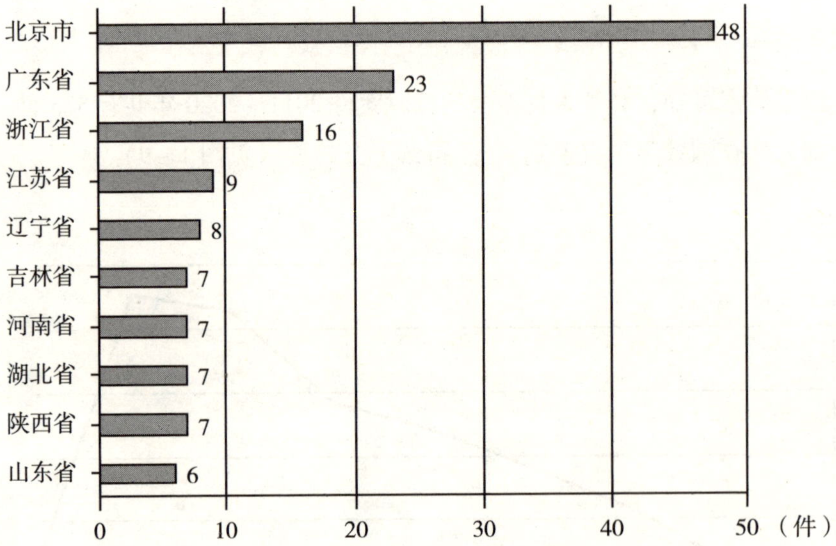

图1－11 高管人员行政纠纷地域统计（数据来源于无讼）

第二章　高管人员的概念

第一节
高管人员的定义

结合《公司法》的规定，公司高管人员是指公司的经理、副经理、财务负责人，上市公司董事会秘书和公司章程规定的其他人员。一般而言，他们负起公司例行公务的种种责任，也拥有来自董事会或主要股东所授予之特定的执行权力。有部分企业为强化他们的职权等，会另外授予他们执行董事的职衔。而如果他们本身就是合伙人或股东，执行董事也是他们另一个重要的职称。虽然他们要负起例行公务的责任，但其主要职责是行政管理或重大公司政策的执行等。

第二节
域外法比较

首席执行官（Chief Executive Officer，CEO）是在一个企业中负责日常事务的最高行政官员，又被称为行政总裁、总经理或最高执行长。

首席营销官（Chief Marketing Officer，CMO）是指企业中负责市场运营工作的高管人员，也可称市场总监、主营市场的副总经理或副总裁等。

首席财务官（Chief Financial Officer，CFO）是企业财务总监的“增长版”。当然，从本质上讲，CFO 在现代治理结构中的真正含义，不是其名称的改变、官位的授予，而是其职责权限的取得，在管理中作用的真正发挥。

首席技术官（Chief Technology Officer，CTO）即企业内负责技术的最高负责人。这个名称在 20 世纪 80 年代从美国开始时兴。起于做很多研究的大公司，如 General Electric，AT&T，ALCOA，其主要责任是将科学研究成果转化为盈利产品。这种职务在国外某些企业中是一种与企业中其他最高层管理人如 CEO、CFO 这一类职务相对应，而权力比 CEO 小的职务。

首席知识官（Chief Knowledge Officer，CKO），从某种意义上说，其是知识经济的产物，一般要做如下的工作：结合企业的业务发展战略，率领企业找到知识管理的愿景和目标；正确定义企业的知识体系并进行系统的表达；推动建立合适的 IT 系统工具以保障“知识之轮”的运转；将知识管理的流程与业务流程紧密融合为一体；建立合适的知识管理考核与激励机制；营造适合知识管理的信任、共享、创新的文化氛围。

第三节
公司法与劳动法之不同

一、公司法关于高管人员的规定

公司法与劳动法是调整不同领域社会关系的法律规范。公司法的调整对象主要是在公司设立、组织、运营或解散过程中所发生的社会关系，具体包括公司内部财产关系、公司外部财产关系、公司内部组织管理与协作关系、公司外部组织管理关系等。《公司法》规定，股份有限公司的经理由董事会决定聘任或者解聘。经理依法行使职权，对董事会负责。公司董事、监事、高管人员应当遵守法律、行政法规和公司章程，对公司负有忠实义务和勤勉义务，上述人员违反对公司忠实义务所得的收入应当归公司所有。董事、监事、高管人员执行公司职务时违反法律、行政法规或者公司章程的规定，给公司造成损失的，应当承担赔偿责任。上述规定体现的是企业内部的组织管理关系，规定的是公司及高管人员基于公司法而享有的相应权利和承担的义务。

二、劳动法关于高管人员的规定

劳动法调整的是劳动者与用人单位之间在实现劳动过程中发生的社会关系（通常所称的劳动关系）及与劳动关系密切联系的其他社会关系，如社会保险关系、工会组织与用人单位之间发生的关系、处理劳动争议方面的关系、监督劳动法执行方面的关系等。劳动法是劳动者保护与劳动监管的统一，体现了公法与私法的混合性。劳动法中对于用人单位单方行使劳动合同解除权的限制性规定就体现了国家对劳动关系的积极干预。公司高管人员受雇于公司，按公司董事会决议的要求开展生产经营，但他们通常支配和控制着公司的各项重大事务和主要资源，在一定程度上控制和掌握着公司的运转，并非我们通常理解的所谓“弱势劳动者”。因此，有些国家就将公司为企业的维持和发展而与之建立委任关系的那些具有特殊经营能力和知识的高管人员排除在雇员范围之外，亦不适用劳动基准法加以保护。

三、企业与高管人员发生争议后的法律适用

从我国目前的劳动立法现状来看，我国尚未建立独立于劳动关系外的委任制职业经理人制度，立法也无相应规定，实践中企业与高管人员发生的争议依然属于劳动争议。反之，《劳动合同法》关于竞业限制条款规定中适用人群的界定中还明确，竞业限制的人员限于用人单位的高管人员、高级技术人员和其他负有保密义务的人员。显然，高管人员目前仍未被排除在《劳动合同法》调整对象外，与其解除劳动合同应当符合《劳动合同法》的规定。当然，由于高管人员通常支配和控制着公司的各项重大事务和主要资源，举

证能力高于普通劳动者，因而在劳动争议的处理中对其举证的要求比普通劳动者更为严格。对于建立劳动关系后被董事会聘任的高管人员而言，双方建立劳动关系的意思表示明确，作为公司员工，其相关的劳动权利受劳动法保护。但劳动合同的履行亦非一成不变，确应生产经营的需要，用人单位可以进行合理的变更以确保劳动合同得以顺利履行。董事会有权聘用或解聘高管人员是公司法赋予董事会的权利，该权利的行使亦是企业经营自主权的一种体现。但对于董事会依《公司法》聘用或解聘高管人员应视为系对相关岗位的人事安排。对于已与公司建立劳动关系的高管人员而言，董事会通过决议解除其职务的应视为是对其岗位进行变更，并不必然导致劳动关系的解除。董事会决议是否有效应根据《公司法》的规定进行审查，公司基于劳动法享有的解除劳动合同的权利与其基于公司法享有的对高管人员的解聘权虽有牵连，但并不冲突。

第三章　劳动合同订立

第一节
招　聘

一、招聘环节常见法律风险

招聘高管人员是企业的一项重大任务，一位优秀的高管人员对于企业的发展起着至关重要的作用。在招聘高管人员的过程中，各环节都需要谨慎，以规避招聘法律风险。

（一）招聘条件设计中的法律风险

1. 招聘条件涉嫌就业歧视

招聘信息直接对外公布，根据《就业促进法》第 3 条的规定，“劳动者依法享有平等就业和自主择业的权利。劳动者就业，不因民族、种族、性别、宗教信仰等不同而受歧视”。因此，在设计高管人员招聘条件的过程中，尤其要注意避免招聘条件中出现就业歧视的信息，使企业陷入诉讼风险。

2. 招聘条件不等于录用条件

招聘条件是企业在招聘时选择劳动者的基本资格要求，对象是不特定的劳动者，目的是对应聘者进行筛选。而录用条件是用人单位决定是否录用该员工的依据，对象是特定的员工。两者虽然有重合的部分，但并不完全一致，如果对两者不能区分，势必会留下劳资纠纷的隐患，也给企业在后续劳动合同履行中带来法律风险。

（二）重复用工、竞业限制的法律风险

企业与劳动者有权相互了解。根据我国《劳动合同法》第 8 条的规定，“用人单位招用劳动者时，应当如实告知劳动者工作内容、工作条件、工作地点、职业危害、安全生产状况、劳动报酬，以及劳动者要求了解的其他情况；用人单位有权了解劳动者与劳动合同直接相关的基本情况，劳动者应当如实说明”。首先，企业应当履行告知义务，建议企业以书面方式履行告知义务，以规避未向高管人员履行告知义务或不能证明已向高管人员履行告知义务而导致的法律风险。其次，《劳动合同法》第 91 条规定：“用人单位招用与其他用人单位尚未解除或者终止劳动合同的劳动者，给其他用人单位造成损失的，应当承担连带赔偿责任。”因此，在招聘环节，企业除了对高管人员的基本信息、是否符合招聘条件等情况进行核实，还要对离职情况、竞业限制情况等进行核查，避免重复用工、竞业限制带来的法律风险。

（三）录用通知书中的法律风险

录用通知书在很多企业看来不是正式的劳动合同，没有约束双方的法律效力，殊不知合同包括要约与承诺，要约是指需要与他人订立合同的意思表示，企业所发出的录用通知书应当视作要约，具有法律效力。因此，企业的录用通知书发出后不能随意撤销，否则可能承担缔约过失责任。录用通知书一旦发出，订立劳动合同的主动权转移至劳动者，劳动者作出承诺、接受录用，企业需受约束。

二、高管人员招聘陷阱

高管人员的招聘相较于其他普通劳动者有着更高的要求，需要企业投入更多的精力和心血，企业要在招聘中避免遭遇陷阱。

（一）学历、履历造假

诚实是每一个职场人应该守住的信用底线。近几年来，高管人员学历造假、工作履历造假被曝光的事件数见不鲜。此类事件的发生不仅给企业带来严重的经济损失，还会破坏企业在社会公众面前良好的社会形象。因此，聘用前调查受聘者的学历背景信息对于企业而言尤为重要。

（二）竞业限制

人才是企业发展的核心动力，优秀的高管人员不仅能带来经济效益的倍增，还能从全局把控企业发展方向，使企业在激烈的市场竞争中脱颖而出。一份竞业限制能够为企业和高管人员带来更多的“安全感”。企业在招聘高管人员时，应当着重审查其是否与原用人单位存在竞业限制约定，企业的聘用是否违反了竞业限制规则。企业对高管人员的聘用如果违反了其与原用人单位之间的竞业限制约定，原用人单位知悉后要求该高管人员履行竞业限制责任，必然会给企业造成招聘成本的损失，同时存在企业与高管人员一起向原用人单位承担连带侵权损害赔偿责任的法律风险。

三、建起风险防范之盾

针对上述招聘环节中可能存在的各种风险，企业人力资源部门应当提前了解相关法律法规，做好工作规划，小心谨慎，将风险拒之门外，从源头解决问题，避免给企业造成不必要损失。

（一）明确录用条件

录用条件作为用人单位确定聘用劳动者的最终条件，必须严密、完善，具有可操作性。在企业开展对高管人员的招聘工作前，应当对聘用岗位进行分析，明确公司需要什么样的高管人员。描述录用条件时，避免使用“基本”“相应”等模棱两可、含混不清的词汇。录用条件应当针对所聘岗位做出明确规定，但应避免对与岗位任职无直接联系的内容进行要求，规避就业歧视风险。

（二）做好雇前背景调查

一些高管人员在入职前，“戴着很多让人眼花缭乱的光环”，导致企业招聘人员对人才的背景崇拜或盲目轻信，没有进行深入的雇前背景调查，让不够专业、不够优秀的高管人员“混”入企业高级管理层，严重损害企业的利益。因此，在对高管人员正式聘用前，企业都必须做雇前背景调查，可以寻求独立、专业的第三方机构帮助。

（三）及时履行告知义务

根据《劳动合同法》的规定，企业在招聘甄选高管人员过程中，应当如实告知其工作内容、工作条件、工作地点、职业危害、安全生产状况、劳动报酬及其要求了解的其他情况。为避免双方发生争议，建议企业以书面形式将上述内容告知该高管人员，并且由其本人签字确认。同时，企业还可将重要事项纳入规章制度中，以便发生劳动争议时，能够举证证明已履行告知义务。

【典型案例】穆某与国美公司劳动争议案

穆某于2015年10月12日入职国美公司，双方于当日签订试用期至2016年2月11日、期限至2020年12月31日的《劳动合同书》，约定穆某担任管理岗位。穆某实际从事风控副总裁工作。《劳动合同书》未明确穆某的工资结构和金额。2016年1月28日，国美公司向穆某作出《解除劳动合同通知书》，以穆某不符合岗位录用条件为由，解除与穆某的劳动合同，穆某最后工作至2016年2月1日。穆某离职后向劳动人事争议仲裁委员会提起仲裁，本案终审判决由北京市第三中级人民法院作出，法院最终认定国美公司系合法解除与穆某的劳动关系。

【法律解析】

本案的争议焦点为国美公司以穆某不符合录用条件为由解除劳动关系是否系违法解除。

法院认为，穆某在《入职登记表》中填写其在费埃哲公司的职务为副总监，同时签署《入职承诺书》，但经法院调查查明，穆某在费埃哲公司的真实职务为分析咨询团队经理，与总监职务之间尚有高级经理一级，两者并不相同。虽然穆某称费埃哲公司存在两套职务体系，并就此提交了相应证据，但法院认为，业务人员在业务开展过程中，在名片上印制高于实际的职务，系用人单位就一定条件和范围下的临时授权，虽然此种行为已经成为企业开展业务的一种“常态”，但此种现象即使在商事活动中也并不应获得鼓励。况且，入职过程并不同于业务拓展工作，劳动合同关系并非普通的商事合同关系，劳动合同具有一定的人身属性，双方所建立的系管理与被管理的关系，是一种人身依附关系和信任关系，劳动者入职时应当提供真实情况，并以双方能够理解的方式清晰陈述。此外，穆某所担任的风控副总裁职务属于拥有优厚待遇的关键岗位，系高级管理职务，双方建立的信任关系应高于用人单位与普通员工的信任关系，其风险控制能力及管理能力更是国美公司是否对穆某进行录用的重要参考，故穆某对于履历等自身情况的说明应负担更为诚实和严谨的注意义务，避免任何影响国美公司对其工作能力和综合素质判断的误导性陈述。并且，双方所签《劳动合同书》第 2 条对试用期不符合录用条件的情形进行了明确约定，其中包含提供的履历、体检、学历证书等相关资料有弄虚作假和不符合《职位说明书》中的相应条件和要求等情形。据此，法院认为，即便费埃哲公司确实存在两套职务体系，穆某亦不应在不进行任何解释和说明的情况下直接将较高职务写入履历以求职，故穆某就履历的陈述存在不实之处，国美公司以此为由解除与穆某的劳动关系，符合法律及双方所签《劳动合同书》的约定，不属于违法解除。

【实操要点】

根据《劳动合同法》的规定，劳动者在试用期内被证明不符合录用条件的，用人单位可以解除劳动合同。在实践中，建议企业明确高管人员的录用条件，并在劳动合同中予以明确，同时书面告知高管人员入职的职位要求，并要求该高管人员书面签收，为在试用期内合法解除提供依据。

我国《劳动合同法》规定，企业与劳动者之间有权相互了解。作为应聘的高管人员，其入职过程并不同于业务拓展工作，劳动合同关系并非普通的商事合同关系，劳动合同具有一定的人身属性，双方所建立的系管理与被管理的关系，是一种人身依附关系和信任关系。因此，高管人员入职时，应当向企业提供真实情况，并以双方能够理解的方式清晰陈述，避免任何影响企业对其工作能力和综合素质判断的误导性陈述。

第二节
背景调查

一、背景调查的方法攻略

对于企业而言，招聘一名高管人员，可能会面临各种风险，如胜任力风险、职业操守风险、成本风险、竞业限制风险，一份完善的高管人员背景调查报告可以极大限度地降低上述风险。

在高管人员被正式录用前，必须做雇前背景调查，企业可以自己进行调查，也可以委托独立、专业的第三方机构帮助调查。针对高管人员的背景调查主要涉及以下内容：

（一）基本信息调查

高管人员的基本信息调查主要包括核实身份信息、学术学历信息、职业资格信息、个人信用状况、涉诉情况等。

（二）工作能力调查

高管人员的工作能力调查主要包括三个方面：专业能力调查、管理能力调查和领导能力调查。专业能力是指高管人员工作的专业化程度，管理能力是指对企业的管理和调控能力，领导能力是指带领企业的能力。

（三）工作履历调查

高管人员的工作履历调查主要包括任职单位与职位是否真实、任职时间是否一致、离职原因、是否存在劳动争议、是否签订培训协议、是否签订竞业限制协议等情况。

（四）工作表现调查

高管人员的工作表现调查主要是调查曾任职企业的上下级对该人员的评

价、任职期间主要工作完成情况、工作能力的强项与弱项、工作态度、道德品质等。

二、背景调查的法律风险

企业招聘高管人员时，为进一步核实相关信息，会通过各类渠道进行背景调查。背景调查虽然能够让企业更加了解应聘者的真实情况，但同样存在侵犯个人隐私的法律风险，稍有不慎，容易翻车。

（一）背景调查主体选择

企业可以自行对高管人员进行背景调查，也可以委托第三方专业机构进行调查。但是，对公民进行背景调查往往涉及侵犯个人隐私等合法权益，企业自行调查的法律风险较大。为了更好地把控调查的权限范围、防范非法行为、规避法律风险，企业可以选择解决劳动纠纷实务经验丰富、专业水平高的律师对拟聘用高管人员进行背景调查，企业法务部门作为对接律师事务所的专业部门，应当充分发挥协助作用。

（二）取得被调查者的授权

企业对高管人员进行背景调查，可能被认定为是非法收集、传输、买卖、提供或公开他人信息的违法行为，从而被追究民事责任甚至刑事责任。因此，对高管人员进行背景调查前，一定要以书面形式获得待查人员的合法授权，从而使用人单位及调查机构有权收集、调查该高管人员的个人信息。

（三）调查内容及调查结果保密

背景调查难免会涉及个人隐私，根据《最高人民法院、最高人民检察院关于办理侵犯公民个人信息刑事案件适用法律若干问题的解释》第 3 条的规定，向特定人提供公民个人信息，以及通过信息网络或者其他途径发布公民个人信息的，应当认定为《刑法》第 253 条之一规定的“提供公民个人信息”。因此，无论调查结果如何，在未征得被调查人同意的情况下，公司都应当对调查情况保密，否则同样面临法律风险。

【典型案例】权某诉某精密公司劳动合同缔约过失赔偿纠纷案

2013年12月底，权某被猎头公司推荐至某精密公司，后某精密公司对权某进行了入职面试。12月28日，某精密公司向权某发出《录用通知书》《报到通知书》《体检通知书》，载明某精密公司已正式录取权某，岗位为市场二部销售经理，要求权某于2014年1月13日8：30至公司报到，并在报到之日起3个月内与某精密公司签订为期3年的劳动合同，其中包括3个月的试用期，另明确了试用期工资为12,000元人民币/月（含基本工资、岗位工资、保密、绩效等）。在《录用通知书》最下方“入职承诺”一栏由权某签名承诺：“本人已阅读并理解本《录用通知书》的内容和要求，并郑重承诺会于约定日期到公司报到，且向公司提供的简历、证件等个人信息真实可靠，如证实本人提供的个人信息存在虚假情况，本人愿意承担相应的法律责任。”《报到通知书》要求权某于报到时提交若干材料以备查验，其中包括原工作单位的离职证明。《体检通知书》要求权某于2014年1月12日8：00之前到无锡市某医院体检。2014年1月6日，权某与原工作单位办理了离职手续，并于同年1月8日至无锡市某医院体检，共花费体检费38元。事后权某被某精密公司告知：因背景调查查明情况与其本人陈述情况存在差异，不再录用其入职。权某不服，向法院提起诉讼，法院最终认定某精密公司应当向权某承担缔约过失责任，并赔偿损失。

【法律解析】

本案的争议焦点在于，某精密公司通知录用权某后，以背景调查查明权某填写虚假入职信息为由不予录用，是否应当承担缔约过失责任？

法院认为，权某与某精密公司的纠纷系发生于劳动合同缔约过程中，此时双方尽管尚未签订正式的劳动合同，某精密公司与权某仍应遵从诚实信用原则，为劳动合同的订立进行积极磋商和准备。某精密公司于2013年12月28日向权某发出录用通知、报到通知及体检通知，表明决定录用权某，报到时间确定为2014年1月13日，并要求权某提供原工作单位的离职证明，上述行为足以使权某产生某精密公司将与其订立劳动合同的合理信赖。

某精密公司已经向权某发出了录用通知，其后才进行了背景调查，调查仅通过电话进行，且未针对调查情况与权某本人陈述之差异听取过权某的意见，而直接决定不予录用，此行为缺乏正当性、合理性。

针对权某提供虚假入职信息，法院认为，根据法院调查情况，权某对个人工作经历、工作性质、收入金额等基本内容的描述与实际状况是吻合的，至于其中个别次要信息及细节性描述与实际情况的出入，并不当然影响招聘单位的录用决定。

因此，某精密公司在已经向原告权某发放录用通知的情况下，又以陈述与实际不符为由拒绝录用权某，且未对不录用权某的理由作出合理解释，这一行为有违诚信，对此给权某造成的损失应承担缔约过失的赔偿责任。

【实操要点】

当事人从事民事活动应当遵循诚实信用原则。劳动者特别是高管人员在求职过程中应当遵循诚实信用原则，如实陈述本人的基本信息，特别是个人学历状况、工作经历、工作岗位、工作业绩等，不得存在恶意隐瞒、无中生有、虚假陈述等误导招录企业的情况。

企业在招录高管人员过程中，对高管人员进行背景调查是维护企业利益的体现。法律同样赋予企业自主招录高管人员，并可依自身需要对应聘者进行全面考核，决定是否予以录用的权利。但企业在考核方式、考核途径方面应本着审慎、诚信、合理的原则进行，并应保护应聘者的利益和合理信赖。

背景调查应当在录用高管人员之前进行。企业录用高管人员后，如发现背景调查与个人陈述信息不符，需要与本人进行沟通，听取本人的陈述意见，并保留背景调查及本人陈述的相关证据，切忌在录用后直接以背景调查查明事实与个人陈述存在差异为由不予录用，否则，企业可能需要承担损害赔偿的缔约过失责任。

第三节
劳动合同条款磋商与订立

一、劳动合同条款的磋商

企业与高管人员签订劳动合同相比于普通劳动者更加复杂，在订立劳动合同前，应当与其就劳动合同条款进行磋商，尽到诚实磋商义务，并就劳动合同条款内容与高管人员达成一致意见，再签订书面劳动合同。

（一）磋商时间

企业就劳动合同条款与高管人员进行磋商的时间应当在企业实际用工之前，否则可能因未在法定时间内与高管人员签订书面劳动合同，给用人单位带来不必要的诉讼成本支出与经济损失。

（二）磋商内容

根据《劳动合同法》第 17 条规定的劳动合同必备条款，企业应当就劳动合同期限，工作内容和工作地点，工作时间和休息休假，劳动报酬，社会保险，劳动保护、劳动条件和职业危害防护等事项与拟聘用的高管人员进行磋商。

同时，基于高管人员工作岗位、工作内容的特殊性，企业应当就约定试用期、培训、保守秘密、补充保险和福利待遇等其他事项与拟聘用的高管人员进行磋商。

二、劳动合同的订立

《劳动合同法》第 82 条第 1 款规定：“用人单位自用工之日起超过一个月不满一年未与劳动者订立书面劳动合同的，应当向劳动者每月支付二倍的工资。”作为用人单位的高管人员，未与单位签订书面劳动合同，能否向用人单位主张二倍工资差额呢？针对该问题，在司法实践中，我国各地法院有不同的看法，存在以下三种裁判观点：

第一，司法实践中的主流观点是：若用人单位能够证明高管人员职责范围包括管理订立劳动合同等内容，高管人员未主动要求用人单位与其签订书面劳动合同而被拒绝的，该高管人员主张未签订书面劳动合同的2倍工资，不能得到人民法院的支持。据此，用人单位无须向高管人员支付未签订书面劳动合同的2倍工资差额必须同时满足两个条件：其一，高管人员的工作职责包括管理订立劳动合同事宜；其二，该高管人员没有证据证明曾向用人单位提出签订书面劳动合同，并且遭到了用人单位的拒绝。

《四川省高级人民法院民一庭关于审理劳动争议案件若干疑难问题的解答》中明确提出：“用人单位高管人员依据《劳动合同法》第八十二条规定向用人单位主张未签劳动合同二倍工资的，可予支持，但用人单位能够证明该高管人员职责范围包括管理订立劳动合同内容的除外。对有证据证明高管人员向用人单位提出签订劳动合同而被拒绝的，仍可支持高管人员的未签劳动合同二倍工资请求。”北京市同样有类似的规定，《北京市高级人民法院、北京市劳动争议仲裁委员会关于劳动争议案件法律适用问题研讨会会议纪要（二）》第31条规定，用人单位高管人员依据《劳动合同法》第82条规定向用人单位主张2倍工资的，可予支持，但用人单位能够证明该高管人员职责范围包括管理订立劳动合同内容的除外。对有证据证明高管人员向用人单位提出签订劳动合同而被拒绝的，仍可支持高管人员的2倍工资请求。

第二，直接推定高管人员明确知晓未与用人单位签订书面劳动合同的法律后果，对高管人员要求支付未签订书面劳动合同双倍工资差额的诉求不予支持，但高管人员可以证明其曾要求用人单位签订书面劳动合同而遭到拒绝的除外。

第三，严格执行《劳动合同法》第82条的规定，不区分该高管人员是否具有管理订立劳动合同内容的工作职责，只要用人单位未能举证证明系高管人员原因未签订书面劳动合同，就应当支持2倍工资差额。

笔者认为，高管人员的工作职责具有特殊性，不同于一般劳动者，针对管理企业人事工作的高管人员，应当突破对“未签劳动合同二倍工资罚则”的机械性适用，即高管人员职责范围如果包括管理订立劳动合同等内容，并且高管人员未主动要求用人单位与其签订书面劳动合同而被拒绝，该高管人员不能主张未签订书面劳动合同的 2 倍工资，以约束高管人员的道德行为，平衡企业与高管人员之间的利益。

【典型案例 1】驿舒达公司与冯某劳动纠纷案

2011 年 10 月 8 日至 2013 年 4 月 30 日期间，冯某由上海市外国企业服务总公司派遣至驿舒达公司工作。2013 年 4 月 19 日，双方签订劳动合同及附件（其中附件二为竞业限制协议），合同期限自 2013 年 5 月 1 日起至 2013 年 10 月 7 日止，约定冯某任财务总监，月工资为税前人民币 33, 000 元。在竞业限制协议中，双方约定竞业限制期限为冯某在职期间及自劳动合同期满或解除之日起 6 个月内，竞业限制经济补偿金为冯某月工资的 1/3；协议还约定若驿舒达公司不要求冯某履行竞业限制义务，驿舒达公司无须向冯某支付任何经济补偿金。2014 年 4 月 2 日，冯某向驿舒达公司提出辞职。双方于同年 5 月 2 日终结劳动关系。

2014 年 4 月 28 日，驿舒达公司向冯某出具通知函，要求冯某于 2014 年 5 月 3 日至 2014 年 11 月 2 日期间履行竞业限制义务。同年 6 月 6 日及 7 月 15 日，驿舒达公司分别支付冯某竞业限制经济补偿金各 11, 000 元。同年 7 月 16 日，驿舒达公司向冯某寄送《放弃竞业限制通知书》，表示放弃要求冯某履行竞业限制义务。冯某于次日收到该通知。

冯某于 2014 年 8 月 25 日向上海市某区劳动人事争议仲裁委员会申请仲裁，要求驿舒达公司支付 2013 年 11 月 7 日至 2014 年 5 月 2 日期间未签订劳动合同的双倍工资差额 240，223. 50 元。本案终审判决由上海市第二中级人民法院作出，终审法院认为驿舒达公司无需向冯某支付未签劳动合同的双倍工资差额。

【法律解析】

本案的争议焦点在于，冯某作为驿舒达公司的高管人员，未与公司签订书面劳动合同，能否向驿舒达公司主张双倍工资差额？

法院认为，建立劳动关系应当签订书面劳动合同是法律的规定。法律之所以要求用人单位与劳动者签订书面劳动合同，是希望通过文字形式将双方的劳动权利义务固定下来，避免发生争议后双方无据可查。为惩戒用人单位借不签劳动合同来逃避法定义务的违法行为，法律明确规定用人单位未在法定期限内与劳动者签订书面劳动合同的，应当支付劳动者双倍工资。但用人单位有证据证实已经履行了诚实磋商义务的可以免责。本案中，冯某系驿舒达公司的高管人员，且曾亲自参与驿舒达公司与员工劳动合同的签订事宜，故相较于普通员工而言，其对劳动合同的签订事宜有更高的认知。若确如冯某所称，在其劳动合同到期后驿舒达公司未与其就续签劳动合同事宜进行过任何协商，冯某未提出任何异议且继续工作的行为，显然不合常理。驿舒达公司提供了2013年11月11日的邮件以证明其曾发邮件给包括冯某在内的6名员工要求续签合同，并提供了另5名员工的劳动合同及其中3名员工的情况说明相印证，还提供了冯某与人事代理公司之间、驿舒达公司总经理姜某与驿舒达公司人事专员洪某之间的来往邮件，以证明驿舒达公司积极履行了续签合同的义务。对此，法院认为驿舒达公司提供的证据已经形成比较完整的证据链，冯某虽不予认可，但并未提供任何证据予以反驳，故认定驿舒达公司在与冯某续签合同事宜上尽到了积极磋商义务，其主观上对未续签合同不存在过错，客观上亦未损害冯某的权益。综上，驿舒达公司无需向冯某支付2013年11月7日至2014年5月2日期间未签合同的双倍工资差额。

【实操要点】

《劳动合同法》规定，用人单位自用工之日起超过1个月不满1年未与劳动者订立书面劳动合同的，应当向劳动者每月支付双倍的工资。该条所要规制的系用人单位存在的故意不与劳动者签订书面劳动合同或者拖延签订书面劳动合同以损害劳动者合法权益的违法行为。但是，作为用人单位的高管人员，如果其本身的工作职责就包括管理员工劳动合同签订事宜，则可以认定该高管人员相较于普通员工，对劳动合同签订事宜有更高的认知。在用人单位未与其本人签订书面劳动合同的情况下，该高管人员未提出异议并继续工作，是不符合常理的，且用人单位在与高管人员签订劳动合同过程中尽到了积极磋商义务，故而不能机械性地适用“未签劳动合同二倍工资罚则”的规定。在实践中，企业应当在法定期限内，就劳动合同签订事宜与高管人员积极磋商并签订书面劳动合同，同时保留磋商证据，以规避法律风险。

【典型案例2】凯迪公司与罗某劳动争议案[1]

2004年10月，罗某入职凯迪公司，双方未签订书面劳动合同。2004年11月，凯迪公司发文任命罗某为副总经理，发文内容涉及工作职责、年薪和绩效薪酬。2005年10月，罗某晋升为总经理。2009年7月，凯迪公司免去罗某总经理职务。2010年8月，罗某申请仲裁，要求凯迪公司支付未签订劳动合同的双倍工资，仲裁机构支持罗某的请求。凯迪公司不服诉至法院。2013年3月，双方在二审期间达成调解协议，凯迪公司支付罗某双倍工资28万元。

【法律解析】

本案第一个争议焦点在于，用人单位与高管人员之间所签订的蕴含劳动者权利义务内容的经营目标责任书能否视为书面劳动合同?

法院认为，具备劳动合同实质要件的经营目标责任书应当被认定为劳动合同。就本案而言，罗某作为总经理属于高管人员，虽然未与凯迪公司签订书面劳动合同，但是凯迪公司自2005年至2008年间与罗某签订了目标责任书，明确了罗某的工作职责，确定了基本工资和绩效工资的计算方式，已具备劳动合同的基本内容，应被视为双方签订了劳动合同。而2009年，凯迪公司与罗某既未签订经营目标责任书，亦未签订书面劳动合同，因此2009年1月至7月期间应认为双方未签订劳动合同。

本案第二个争议焦点在于，高管人员罗某未与公司签订书面劳动合同，能否向公司主张二倍工资差额?

法院认为，罗某作为公司总经理，虽然全权负责公司管理事务，但其个人劳动合同具体签订事宜，并非自身职权所能决定的，其聘任或解聘均由董

---

〔1〕参见曹文兵、林静寂:《高层管理人员劳动合同的认定与“双倍工资罚则”的适用》，载《人民法院报》2014年3月20日，第7版。

事会来决定。2005年至2008年间，凯迪公司与罗某连续签订了目标责任书，明确了罗某的工作职责，确定了基本工资和绩效工资的计算方式，已具备劳动合同的基本内容，应视为双方签订了书面劳动合同。2009年，凯迪公司与罗某未签订经营目标责任书，凯迪公司未提供充分证据证实其对未签订劳动合同无过错，同时也不能证明罗某对未签订劳动合同存在恶意或过错，因此凯迪公司应向罗某支付2009年1月至7月的双倍工资。

【实操要点】

实践中，企业与高管人员之间签订的目标责任书，若具备法律规定的劳动合同实质要件，可以认定为已签订书面劳动合同。判定高管人员未签订或续签书面劳动合同是否适用“未签劳动合同二倍工资罚则”，应当综合考量以下几个方面的因素：

其一，高管人员的岗位职责与职权范围。若高管人员系主管人力资源相关事宜，因其对劳动法律、法规的知悉程度通常远远强于普通劳动者，深知“用人单位自用工之日起超过一个月不满一年未与劳动者订立书面劳动合同的，应当向劳动者每月支付二倍的工资”的法律后果，用人单位未与其本人签订书面劳动合同，应视为本人工作的严重失职，自行承担未签订书面劳动合同的不利后果。若高管人员并不参与用人单位的劳动人事管理，其对劳动法律、法规的了解程度与普通劳动者无异，用人单位确实未与其签订书面劳动合同的，当然适用“未签劳动合同二倍工资罚则”。

其二，高管人员是否存在过错、是否有恶意。法院应着重审查高管人员是否为了达到攫取非法利益的目的，利用职务之便任意篡改、隐匿、伪造、偷窃、销毁劳动合同或者故意不予签订书面劳动合同、拖延签订书面劳动合同，是否存在有违诚实信用与公平原则的行为。

其三，用人单位是否存在过错。用人单位若能提供充分的证据证明已经履行了签订劳动合同的积极磋商义务，就足以认定其在主观上没有不签订书面劳动合同的过错，因而可以免除“未签劳动合同二倍工资罚则”法律责任。

第四节
董事会聘任书与劳动合同的关系

一、董事会聘任书的性质

根据《公司法》的规定，经理、副经理、财务负责人这类高管人员由企业董事会聘任，并签发聘任书。董事会聘任书是企业单方面出示给高管人员的文件，是由董事会签发的文件，它的内容比较简单，一般不涉及双方具体的权利义务，并且聘任书上只有企业一方的签章，没有高管人员的签字。从本质属性来说，董事会聘任书是企业向高管人员发出的任职要约，是企业希望与高管人员建立劳动关系的单方意思表示，高管人员接受意味着给予承诺，公司和高管人员还是应进一步签订劳动合同。对于董事会聘用的高管人员，即使其收到了董事会的聘任书，企业也必须与其签订书面劳动合同。

二、董事会聘任书与劳动合同的关系

董事会聘任书不等同于书面劳动合同。劳动合同是公司与劳动者之间意思表示达成一致签订的协议，旨在建立劳动关系并明确双方权利义务，其内容由双方在自愿平等的基础上协商达成，是一种双方法律行为，必须由双方签字或盖章后方能生效。而董事会聘任书系公司签发给高管人员的，是公司赋予管理权的体现，并非双方意思表示一致的劳动合同。聘任书并不具有劳动合同的性质，聘任书主要用于确定高管人员的职务，而劳动合同除涉及职务外，还有许多必备条款以约束用人单位与劳动者之间的权利义务。

就劳动合同的内容而言，《劳动合同法》第 17 条规定，劳动合同应当具

备劳动合同期限、工作内容和工作地点、工作时间和休息休假、劳动报酬等必备条款。一般情况下，董事会聘任书仅说明对该高管人员的聘任情况，不涉及《劳动合同法》要求的劳动合同必备条款。但是，如果董事会聘任书对上述必备条款作出了约定，具备了《劳动合同法》所规定的必备条款和劳动合同的形式要件，表明双方对劳动关系的权利义务协商一致，聘任书可以被视为书面劳动合同，具有劳动合同的效力。

【典型案例】湖北R公司与宁某劳动争议案

宁某于2015年9月入职R公司，同月14日，该公司任命宁某为公司财务总监，并向宁某签发了聘任书。宁某在R公司工作期间，R公司按约定标准向宁某支付了工资，但未在社保部门为宁某缴纳社保费用，双方也未签订书面劳动合同。2016年5月30日，宁某以R公司的法定代表人没有诚信及该公司未与其签订劳动合同、未为其缴纳“五险一金”为由提出辞职。

【法律解析】

本案的争议焦点是：未与高管人员签订书面劳动合同，仅签发聘任书，该聘任书是否具有书面劳动合同效力？用人单位是否应当支付双倍工资差额？

法院认为，根据《公司法》第216条“本法下列用语的含义：（一）高管人员，是指公司的经理、副经理、财务负责人，上市公司董事会秘书和公司章程规定的其他人员……”的规定，宁某被聘为R公司的财务总监，属于《公司法》规定的高管人员。高管人员相对于普通劳动者而言具有一定的特权，甚至在某种程度上对于公司而言处于强势地位，但始终只是劳动者的一员，其合法权益应得到保护。虽然R公司聘任书中就宁某的工作岗位、分管事务进行了明确，但对其工作时间、工资待遇及其他权利义务没有明确约定，不具备劳动合同的特征，故该聘任书不能被视为双方已签订劳动合同。

【实操要点】

依据《公司法》的规定，经理等高管人员由董事会聘任。董事会聘任高管人员并签发聘任书后，不能免除用人单位按照《劳动合同法》规定与该高管人员签订书面劳动合同的义务。在司法实践中，聘任书如果具备《劳动合同法》所规定的劳动合同必备条款，具有劳动合同的特征，可以被认定为已签订书面劳动合同。但是，从规避法律风险的角度来看，用人单位还是应当自用工之日起 1 个月内，与高管人员订立书面劳动合同，以避免不必要的诉讼成本支出。

第四章　薪酬与工时制度

第一节
薪　酬

一、薪酬概述

薪酬即劳动报酬，是劳动者向企业付出劳动的对价，根据《劳动合同法》的规定，劳动报酬亦是劳动合同的必备条款，同时也是劳动者在劳动关系中最重视的权利之一。现在企业的核心竞争力是人才的竞争，而劳动报酬是人才竞争中最重要的因素，特别是对于企业高管人员而言，有效的薪酬激励体系不仅能够吸引人才、留住人才，还能激励人才。针对企业普通劳动者，劳动报酬一般包含企业以货币形式发放的工资及企业为员工缴纳的社保、公积金；但针对企业高管人员，其付出劳动享受的劳动报酬往往不仅仅局限于货币形式的工资及社保、公积金，根据每个企业的不同情况还包括股权激励、企业年金、商业保险、房子、车子、定制的培训机会等。总而言之，高管人员自身的优越条件及对企业的重要程度决定高管人员作为劳动者亦不同于普通的劳动者，但是其劳动报酬主要还是由工资与福利两部分组成。

工资是指用人单位依据国家规定或劳动合同约定，以法定货币形式直接支付给劳动者的劳动报酬，一般包括计时工资、计件工资、奖金、津贴和补贴、延长工作时间的工资和特殊情况下支付的工资等。福利是劳动报酬的另一部分，一般不以货币的形式支付给劳动者，常见的企业福利体系主要包括企业为员工缴纳的社保、公积金，各种带薪假期、节假日或生日等特殊日子的慰问礼金或礼品等，上述福利待遇普遍针对企业的所有员工。针对企业高管人员，往往在工资外，很多企业通过提供或增加各种福利待遇以提高竞争力、吸引人才，因此高管人员的福利除了常见的上述福利，根据企业不同情况及高管人员的需求还包括落户口、安家费、福利房、配车、股权激励等。

根据《劳动法》第 47 条的规定，用人单位根据本单位的生产经营特点和经济效益，依法自主确定本单位的工资分配方式和工资水平。《劳动合同法》第 4 条规定了企业的工资分配权，企业可以根据自身情况制定相应的工资福利制度，这是企业经营自主权在人力资源管理中最重要的体现之一。

工资总额指的是用人单位在一定时期内直接支付给本单位全部职工的劳动报酬总额。根据《国家统计局关于工资总额组成的规定》，工资总额由 6 部分组成：（1）计时工资，即按计时工资标准和工作时间支付给个人的劳动报酬，一般可分为月工资标准、日工资标准和小时工资标准。（2）计件工资，指对已做工作按计件单价支付的劳动报酬。（3）奖金，指支付给职工的超额劳动报酬和增收节支的劳动报酬。实践中，关于奖金虽然被明确规定在工资总额中，但亦有观点认为奖金并非法定的工资构成，即并非企业必须向劳动者支付的工资项，而是企业给予员工的福利，企业基于经营管理自主权可决定是否发放奖金以及奖金发放的具体金额、设定奖金的发放条件等。（4）津贴和补贴。津贴指为了补偿职工特殊或额外的劳动消耗和因其他特殊原因支付给职工的劳动报酬，常见的津贴类型有高温津贴、夜班津贴、有毒有害岗位津贴等；补贴指为了保证职工工资水平不受物价影响支付给职工的物价补贴，补贴的形式具有多样性，如交通补贴、伙食补贴。（5）加班加点工资，指劳动者在法定标准工作时间之外从事劳动时，用人单位依法向劳动者支付的加班工资和加点工资。（6）特殊情况下支付的工资，指在非正常情况下，用人单位向劳动者支付的工资，如各类休假期间工资、停工期间工资、附加工资、保留工资等。

二、高管人员工资福利的特点

企业高管人员拥有高学历、高技术，熟悉企业的经营及管理，对企业发展起着举足轻重的作用。因此，企业在吸引该类人才及双方劳动关系履行期间，往往会区别于普通劳动者而给予其特殊的工资福利待遇。这主要体现在以下几个方面。

（一）高管人员工资标准高且主要以年薪制为主

高管人员的资历、对企业的作用决定高管人员的工资水平必定处于企业工资结构中的顶端，但是虽然高薪，目前高管人员市场仍处于紧缺的状态，找到真正适合企业的高管人员对于企业而言仍然非常迫切。而且，高管人员工资水平随着市场的变化仍存在不断上升的趋势。同时，对于高管人员，一般采用的是年薪制，但其工资仍是按月发放。

（二）高管人员工资结构单一

如前所述，高管人员实行年薪制，大多数企业在向高管人员发送录用通知书或者双方签订劳动合同时均直接描述高管人员享受的年薪为多少，一般理解为固定年薪。在双方劳动关系履行过程中，即使企业实际上需要对高管人员的工资进行拆分并考核发放，因企业在发放的录用通知书或双方签订的劳动合同或企业规章制度中均未对高管人员享受的工资进行拆分，从而导致双方发生争议。

（三）高管人员工资考核体系缺失或不完善

企业高管人员对于用人单位的经营及日常管理通常具有管理权及决策权，加之高管人才的稀缺，从而导致很多企业缺乏对高管人员的管理，特别是薪酬体系上未建立真正的考核制度。即使在双方劳动关系履行过程中存在考核，即高管人员年薪中的一部分工资根据年终考核情况发放，但考核大多形同虚设，或者并未严格执行考核，从而引发高管人员与企业之间的纠纷。

（四）高管人员福利多样化

相较于普通劳动者的福利而言，企业高管人员的福利更多样化，比如，企业在引进高管人才时承诺给予安家费或解决住房、户口或赠予车辆，或者在双方劳动关系存续期间给予股权激励、额外奖金奖励、企业年金、定制旅游或培训机会。当然，不同的福利取决于企业的实际情况及员工需求，目的均是吸引人才、稳定人才，激发高管人员为企业的发展作出贡献。

三、高管人员工资福利体系设计技巧

既然法律赋予了企业的工资分配权及根据实际情况制定相关工资福利管理规章制度的权利，企业就应好好把握。企业制定合法合理的高管人员工资福利体系不仅能够达到引进、激励、稳定高管人员的目的，还能促进企业的可持续发展，避免企业与高管人员因约定不明产生的纠纷，降低高管人员流动给企业造成的不利影响，节约企业的人力成本。结合笔者执业多年的经验，建议企业在高管人员工资福利体系设计上主要注意如下几点：

（一）完善高管人员工资构成

慎用固定工资构成模式，建议采用固定工资加浮动工资的工资构成模式。虽然高管人员工资实行年薪制，从激励角度来看，工资不易采取单一的固定结构，而应结合具体情况就年薪总额进行拆分，即设计不同的工资构成。常见的方式主要是将工资设计为两部分：一部分为固定工资；另一部分为浮动工资，如绩效工资、提成工资、奖金。其中，固定工资也可根据实际情况再进行细化，如基本工资、岗位工资。同时，设定不同工资构成的发放条件，如浮动工资需满足一定条件后发放，且注重浮动工资比例。

（二）注重高管人员工资考核机制，完善考核制度

实践中，很多企业对于高管人员工资的考核往往未引起重视，从而导致双方发生争议对簿公堂。因此，完善工资考核机制十分必要，考核主要是针对工资构成中的浮动工资部分，需根据实际情况制定相应的考核标准、考核目标等。最重要的是在制定考核目标时要注意合情合理，比如以销售量作为考核目标，因销售量与市场行情存在直接关系，所以在制定考核目标及进行考核时，不应仅根据企业内部的销售数据进行考核，还应结合其他相同类型

企业的销售数据、企业所在区域的市场销售情况进行考核，如此才能更客观公正，达到绩效工资、提成工资或奖金的激励目的。

（三）高管人员工资发放形式注意按比例分阶段发放

高管人员实行年薪制，不建议其工资按月平均发放。在完善高管人员工资构成、工资考核机制的基础上，关于工资发放形式，企业可采用分比例分阶段发放，比如约定年薪中的一定比例为固定工资按月平均发放，剩余的一定比例根据考核情况按季度、年度发放等。同时，企业针对高管人员的绩效工资部分，还可参照银行业的做法，采用绩效延期支付的方式，即高管人员应得的绩效薪酬部分以一定年度为周期，每年以一定比例发放。

（四）注重完善高管人员工资福利的保密制度

企业的工资福利体系及各岗位的工资标准往往是企业非常重视的保密信息，也是企业提高同行竞争力，招揽到优秀人才的保障，特别是企业高管人员的工资福利待遇，其保密更为重要。因此，高管人员工资福利体系保密制度的建立对于企业而言非常重要，企业应在规章制度或劳动合同中明确约定保密义务及违反保密义务的违约责任等。

（五）完善高管人员工资调整机制

因高管人员队伍比较稀缺，企业在引进高管人员时往往不惜付出高额的物质或非物质的成本，其中最重要的成本即是工资成本，但是存在企业引进高管人员后发现其能力不行，无法达到企业预期的目的，故调整高管人员薪酬的情况，如此发生争议的案例比较多。殊不知，调高工资易但若想调低工资并非易事，特别是针对维权意识高、证据收集能力强的高管人员，若企业处理不慎，往往承担败诉风险且承担高额的赔偿金。因此，企业在处理高管人员薪酬时应谨慎，在调整薪酬特别是降低时原则上应注意双方协商一致；无法协商一致的，企业应在完善工资构成的情况下，根据规章制度的规定或双方劳动合同的约定，调整工资构成中的浮动部分，以此避免单方降薪的法律风险。

（六）完善高管人员福利管理体系

企业在引进高管人员时往往在工资外根据企业的承受能力及高管人员的

需求给予高管人员诸多额外的福利，常见的福利主要有支付安家费、给予福利房购买资格、赠予房屋、赠予车辆、解决户口、企业年金、股权激励等。但在实际操作中，因企业并未就高管人员享受的特殊福利待遇管理引起重视，从而导致发生争议，最终企业人财两空。因此，针对不同的福利种类，企业应重视设计不同的享受条件、享受方式等。比如给予安家费的，企业可以与高管人员约定分期支付或者约定未服务满一定年限时按比例退还等；赠予房屋、车辆的，建议采用间接的方式，如高管人员先垫资，企业根据高管人员的服务年限予以报销，或者通过债权债务方式，企业向高管人员借款，双方建立债权债务关系，待高管人员服务满一定年限后，企业免除其债务等形式。在实践中，需提请企业注意的是，企业给予高管人员福利往往与高管人员约定服务期及违约责任，但是《劳动合同法》明确规定，只有在企业为员工提供第三方付费专业培训的情况下才能与员工约定服务期及违反服务期约定的违约责任。因此，企业在采取上述福利方式的过程中，应谨慎约定服务期，尽量采用其他方式，比如约定根据高管人员的服务年限确定享受特定的福利待遇等。

（七）注重高管人员股权激励设计技巧

针对企业高管人员或者对企业经营发展至关重要的人员，现在越来越多的企业通过股权激励的方式进行激励，有效的股权激励可以达到激发员工的目的，反之则可能引发纠纷，造成员工的不稳定。因此，如何设计对企业、对激励对象有效的激励模式甚为重要。企业在设计股权激励方式时应注意：第一，明确股权激励的方式，是采用虚拟股权激励即仅给予企业高管人员一定的股权权益而不给予真正的股权，还是采用实质性的股权激励即真正给予企业高管人员公司股权。若采用实质性的股权激励方式，则需要重点注意的是持股方式，主要分为两种：一种是直接持股让企业高管人员成为公司股东；另一种是间接持股即通过第三人代持或持股平台持股。通过持股平台持股目前采用得比较多的方式是成立有限合伙企业，不仅节约持股人的税收成本，而且有利于企业的可持续发展。第二，明确股权激励的具体方法，是立即给予企业高管人员股权或权益，还是给企业高管人员一种期待权，约定在满足一定条件即行权条件后再给予股权或与股权相关的权利。后者既是我们常见也是企业目前采用比较多的股权期权激励。这里需要注意的是，采用股权期权激励方式必须明确具体的行权条件、丧失股权激励资格的条件、行权时对价的确定等。

第二节
工时制度

一、工时制度概述

（一）工时制度分类

工时制度即工作时间制度。《劳动法》第39条规定："企业因生产特点不能实行本法第三十六条、第三十八条规定的，经劳动行政部门批准，可以实行其他工作和休息办法。"《原劳动部关于企业实行不定时工作制和综合计算工时工作制的审批办法》第3条进一步明确规定："企业因生产特点不能实行《中华人民共和国劳动法》第三十六条、第三十八条规定的，可以实行不定时工作制或综合计算工时工作制等其他工作和休息办法。"因此，我国现有的工时制度有三种，即标准工时工作制、综合计算工时工作制和不定时工作制。

1. 标准工时工作制

标准工时工作制是我国现行的主要工作时间制度，在企业中被广泛实行。根据《劳动法》第36条的规定，劳动者每日工作时间不超过8小时、平均每周工作时间不超过44小时。《国务院关于职工工作时间的规定》第3条规定，职工每日工作8小时、每周工作40小时。司法实践中，一般认为标准工时工作制度下，按照《国务院关于职工工作时间的规定》规定的时间执行。

2. 综合计算工时工作制

综合计算工时工作制是指因企业生产特点或工作性质等不能均衡生产，

必须在一定时间内连续生产或工作，以一定期限为周期综合计算工作时间，采取集中工作、集中休息的一种特殊工时制度。综合计算工时工作制，即分别以周、月、季、年等为周期，综合计算工作时间，但其平均日工作时间和平均周工作时间应与法定标准工作时间基本相同。

3. 不定时工作制

所谓不定时工作制，是指劳动者因生产条件或工作的特殊性，在一段时间内必须进行连续生产或工作，而不受固定工作时间的限制，采用轮休调休、弹性工作时间等方式的一种特殊工时制度。实践中，不定时工作制的岗位一般包括高管人员、销售人员、司机等。需注意的是，该种工时工作制并非代表员工可以不考勤，企业更应在规章制度或劳动合同中明确员工的具体考勤方式。

（二）特殊工时制度的行政审批

我国通过不定时工作制和综合计算工时工作制来提高企业竞争力，以适应特殊工作岗位的性质和行业要求。但是，为了防止企业滥用特殊工时工作制，《劳动法》明确规定，企业实行特殊工时制，必须经过劳动行政部门的审批。与工会、劳动者进行充分的协商，在保障劳动者身体健康并充分听取劳动者意见的基础上，采用集中工作、集中休息、轮休调休、弹性工作时间等适当方式，确保职工的休息休假权利和生产、工作任务的完成。实行特殊工时制度最明显的特征是劳动审批制度，依据《原劳动部关于企业实行不定时工作制和综合计算工时工作制的审批办法》第 7 条的规定，中央直属企业实行不定时工作制和综合计算工时工作制等其他工作和休息办法的，经国务院行业主管部门审核，报国务院劳动行政部门批准。地方企业实行不定时工作制和综合计算工时工作制等其他工作和休息办法的审批办法，由各省、自治区、直辖市人民政府劳动行政部门制定，报国务院劳动行政部门备案。

相比于标准工时制度而言，特殊工时制度会打乱劳动者的正常休息时间。故特殊工时制度在制定时，劳动行政部门要求企业征求员工的意见，某些地方甚至要求在一定程度上取得劳动者的同意。根据目前已有的相关规定可知，除上海以外，北京、广东等地均明文要求有来自劳动者或工会方面的文件作为申请材料的组成部分，使用人单位申请不定时工作制或综合计算工时工作制的自主性受到工会和劳动者一定程度的限制。但是，实行不定时工作制，并非忽视劳动者休息休假的权利。通过采取集中工作、集中休息、轮休调休、弹性工作时间等适当的工作和休息方式，来实现职工的休息权。

实践中，绝大部分企业执行特殊工时制度需经过审批才能约束劳动者，但是存在某些特殊领域执行特殊工时制度备案制度，如航空领域。同时，笔者亦看到有部分地方的裁判观点认为，基于企业与劳动者的意思自治，双方在劳动合同中明确约定了适用特殊工时制度，即使该特殊工时制度未经过审批，亦对劳动者具有约束力。但是，基于特殊工时制度毕竟涉及员工休息休假、加班费支付等切身利益，故笔者还是建议此类企业完成审批。在此，需要特别提醒企业注意，根据《原劳动部关于企业实行不定时工作制和综合计算工时工作制的审批办法》第4条的规定，企业对高管人员、外勤人员、推销人员、部分值班人员和其他因工作无法按标准工作时间衡量的职工，可以实行不定时工作制。

二、工时制度与加班工资支付

根据《劳动法》及《工资支付暂行规定》等法律法规的规定，用人单位安排劳动者加班加点的，应当支付高于劳动者正常工作时间的工资报酬，具体如下：

（一）实行标准工时工作制

1. 安排劳动者延长工作时间的，在日法定标准工作时间8小时以外延长工作时间，按照不低于劳动合同规定的劳动者本人小时工资标准的150%支付劳动者加班工资。

2. 休息日安排劳动者工作的，用人单位可首先安排补休，若未安排补休的，按照不低于劳动合同规定的劳动者本人日或小时工资标准的200%支付劳动者工资。

3. 法定休假日安排劳动者工作的，按照不低于劳动合同规定的劳动者本人日或小时工资标准的300%支付劳动者工资。

实践中，需要提醒企业注意的是，《劳动法》规定劳动者平均每周工作时间不超过44小时，而《国务院关于职工工作时间的规定》规定职工每周工作40小时。因此，安排劳动者延长工作时间，在加班时间计算时应以44小时还是40小时为基础的问题上时常会产生争议。为此，《原劳动部〈国务院关于职工工作时间的规定〉问题解答》中明确规定，1997年5月1日以后，一律应以每周40小时为基础计算，即目前企业因生产经营需要延长工作时间一律以每周40小时为基础计算。

（二）实行综合计算工时工作制

1. 综合计算工作时间超过法定标准工作时间的部分，按照不低于劳动合同规定的劳动者本人小时工资标准的150%支付劳动者加班工资。

2. 法定休假日安排劳动者工作的，按照不低于劳动合同规定的劳动者本人日或小时工资标准的300%支付劳动者工资。

（三）不定时工作制

《工资支付暂行规定》明确，实行不定时工作制度的劳动者不存在支付加班工资的问题。但是实践中，关于实行不定时工作制的劳动者在法定节假日工作是否支付加班费的问题，全国各地裁判尺度不一，如上海市、深圳市支持法定节假日加班费，而四川省、北京市的规定不支持法定节假日加班费。因此，在具体执行的过程中，各企业还需按照当地的规定执行。

三、高管人员在工时制度上的设计应用技巧

（一）高管人员岗位申请不定时工作制

如前所述，工时制度与加班工资的支付存在直接的关系。实践中，涉及加班工资的劳动争议也属于高发领域，亦存在不少高管人员离职后要求单位支付加班工资的判例。高管人员为领取高薪的劳动者，同时是企业的管理者，若支付其加班工资，一是加班时间核算难度大，二是加班费成本高，必然会增加企业的用工成本。根据《原劳动部关于企业实行不定时工作制和综合计

算工时工作制的审批办法》第 4 条的规定，企业对高管人员可以实行不定时工作制，故建议企业针对高管人员申请不定时工作制。

（二）企业未申请不定时工作制下高管人员加班费支付筹划

针对未就高管人员申请不定时工作制审批的企业，若面对高管人员高额加班费的支付，如何合法降低企业用工成本，进行高管人员薪酬筹划非常重要。结合笔者多年的执业经验，企业可参考如下方式（全国各地法院裁判尺度不一，仅供参考）：

1. 企业与高管人员在劳动合同中明确实行不定时工作制。企业与劳动者签订的劳动合同系基于双方意思自治，基于契约精神双方均应受其约束，基于部分地区司法机关认可双方在劳动合同中约定特殊工时制度的效力。因此，若企业未及时就高管人员岗位申请不定时工作制审批，则采取的补救方式就是在双方签订的劳动合同中，明确约定高管人员实行不定时工作制。

2. 企业与高管人员在劳动合同中明确约定加班费的计算基数，且企业亦应在合法的规章制度中规定加班费的计算基数。针对不同工时制度下的加班费的支付，《工资支付暂行规定》第 13 条规定，需按照劳动合同规定的工资标准进行支付。实践中，针对加班费的计算基数是否能够进行约定，全国各地的司法观点也存在差异，主要有如下观点：

（1）即使在劳动合同中明确约定了加班费的计算基数且该标准低于劳动合同约定的工资标准或当地最低工资标准，员工也可以选择不适用约定的加班费计算基数。例如，《北京市工资支付规定》第 44 条规定，计算加班工资的日或者小时工资基数应当按照下列原则确定：按照劳动合同约定的劳动者本人工资标准确定；劳动合同没有约定的，按照集体合同约定的加班工资基数以及休假期间工资标准确定；劳动合同、集体合同均未约定的，按照劳动者本人正常劳动应得的工资确定。确定的加班工资基数不得低于北京市规定的最低工资标准。而且，《北京市高级人民法院、北京市劳动争议仲裁委员会关于劳动争议案件法律适用问题研讨会会议纪要》第 19 条规定："对于加班工资的日或小时工资基数的确定，应参照《北京市工资支付规定》第四十四条的规定执行。用人单位与劳动者在劳动合同中约定了工资标准，但同时又约定以本市最低工资标准或低于劳动合同约定的工资标准作为加班工资基数，劳动者主张以劳动合同约定的工资标准作为加班工资基数的，应予支持。”

（2）严格以企业与劳动者在劳动合同中约定的加班工资计算基数为准，但不得低于当地最低工资标准。例如，《四川省高级人民法院民一庭关于审理劳动争议案件若干疑难问题的解答》第35条规定，用人单位与劳动者在劳动合同中约定了加班费计算基数的，从其约定；劳动合同没有约定的，按照集体合同约定的加班工资基数确定；劳动合同、集体合同均未约定的，按照本意见第29条确定。确定的加班工资基数不得低于当地规定的最低工资标准。

（3）企业与劳动者不能在劳动合同中约定加班工资的计算基数。例如，《深圳市中级人民法院关于审理劳动争议案件相关法律适用问题的座谈纪要》第22条规定，计算劳动者的加班工资应以《深圳市员工工资支付条例》第4条规定的标准工资为基数。《深圳市员工工资支付条例》第4条规定，标准工资是指员工在正常工作时间内为用人单位提供正常劳动应得的劳动报酬，但不包括下列各项：支付周期超过1个月的劳动报酬，如季度奖、半年奖、年终奖、年底双薪，以及按照季度、半年、年结算的业务提成；无确定支付周期的劳动报酬，如一次性的奖金、津贴、补贴。

综上所述，虽然企业与劳动者在劳动合同中约定加班费的计算基数是否有效取决于当地司法机关的裁判政策，但是从法律角度来看，笔者仍建议企业在合法有效的规章制度中对劳动者加班费的计算基数进行规定，且必须在劳动合同中明确约定加班费的计算基数。即使是取得了高管人员不定时工作制申请的企业，为降低法定节假日期间加班费支付的成本，该种约定亦是企业必须重视的。

3. 企业与高管人员以书面形式明确高管人员所享受的工资中已包含加班费。企业高管人员往往基于其职业的特殊性而享受高额的年薪，从合理性角度来看，企业与高管人员在劳动合同中明确约定高管人员享受的工资已包含加班费亦符合常理。而且，全国亦有很多地区的司法机关对于约定工资中包含加班费予以认可。例如，《北京市高级人民法院、北京市劳动争议仲裁委员会关于劳动争议案件法律适用问题研讨会会议纪要》第23条规定，用人单位与劳动者虽然未书面约定实际支付的工资是否包含加班工资，但用人单位有证据证明已支付的工资包含正常工作时间工资和加班工资的，可以认定用人单位已支付的工资包含加班工资。但折算后的正常工作时间工资不得低于当地最低工资标准。因此，企业在进行高管人员加班费筹划时还应注意根据高管人员工作性质的实际情况，在劳动合同中提前明确约定高管人员享受的薪酬中已包含加班费，同时将其明确规定在企业合法有效的规章制度中。同时，在劳动合同履行过程中，关于高管人员享受的加班费部分亦可通过工资表的形式予以书面明确。

（三）明确界定高管人员的范围

企业特殊工时制度审批时，往往需要明确哪些岗位实行特殊工时制度，若审批文件中仅明确高管人员适用不定时工作制，则关于企业内部哪些人员属于高管人员很容易产生纠纷。关于高管人员，目前的劳动法律法规中并无明确的规定，只有《公司法》第 216 条对高管人员作出了相应规定，即高管人员指公司的经理、副经理、财务负责人，上市公司董事会秘书和公司章程规定的其他人员。实践中，关于经理的认定不能仅从字面意思进行理解，目前众多企业的组织架构中，对于经理的运用非常普遍，可能一个普通岗位的员工亦叫经理，如物业公司中的客服经理。因此，为避免因高管人员界定不明确而导致的纠纷，如企业在适用特殊工时制度时无法准确界定适用人员，建议企业在公司章程及规章制度中明确哪些人员属于高管人员。

（四）高管人员实行不定时工作制度的管理技巧

实行不定时工作制的劳动者采用弹性的工作时间，没有明确的上下班时间，但并不代表企业放任员工不管。对于实行不定时工作制的员工，特别是高管人员，企业应结合实际情况在合法有效的规章制度中明确其是否进行考勤管理。结合笔者多年的从业经验，不定时工作制考勤管理的规定非常必要，企业可结合实行不定时工作制岗位员工的实际情况决定考勤管理的松紧程度。在保证高管人员休息休假权利的同时，企业可通过定期会议、工作汇报等方式对高管人员的工作时间、工作地点、行程、工作成果等进行管理，在条件允许的情况下，企业也可对高管人员进行考勤打卡管理。同时，企业也可在合法有效的规章制度中明确高管人员应服从企业的合理工作安排，若高管人员不服从企业的工作安排无故缺勤的，企业可依规定按照旷工进行处理。

第三节
年休假

一、年休假概述

年休假，又称带薪年休假，是指职工依据法律法规的规定，连续工作一年以上，每年享有保留原工资待遇的休假。年休假制度是劳动者休息权的重要体现之一，对保障劳动者的权利，稳定社会秩序具有深远的意义。职工可根据自己的需求，合理地安排自己的年休假并向企业提出年休假申请，企业也应根据自身经营情况统筹安排职工的年休假，并且保证职工在休假期间可以获得相应的工资待遇，若企业未安排职工休年休假，则应支付未休年休假劳动报酬。企业保证职工休年休假，亦能提高职工工作热情及工作效率，使职工更好地为企业服务做出贡献。

（一）年休假的享受条件

根据《职工带薪年休假条例》《企业职工带薪年休假实施办法》等法规、规章对带薪年休假的规定，劳动者享受年休假的条件为连续工作满 12 个月以上。但在具体实施过程中，劳动者连续工作满 12 个月是仅指在本单位连续工作的时间还是包括前用人单位连续工作的时间，在我们服务的客户中就遇到很多企业的人力资源部门（Human Resource，HR）普遍存在一个误区，即认为劳动者需在本单位工作满 12 个月才能享受年休假。《企业职工带薪年休假实施办法》第 4 条明确规定，职工在同一或者不同用人单位工作期间，以及依照法律、行政法规或者国务院规定视同工作期间，应当计为累计工作时间。即“连续工作满 12 个月”的计算不仅包括本单位的工作时间，还包括职工前用人单位的工作时间，而且要合并计算，即俗称的社会工龄。同时，企业还应注意享受年休假的条件必须是“连续”工作满 1 年，这里的连续应是无缝连接，即使中间间隔一天也不能认定为连续。

（二）年休假天数的计算方式

关于年休假天数的计算，在我们服务的客户中，企业的 HR 普遍存在的误区是，认为职工年休假的周期起算点以职工入职开始后的一年为周期。需提请企业注意的是，年休假应以自然年度作为周期进行核算，因职工不可能都在每年度的 1 月 1 日入职或者 12 月 31 日离职，所以实践中，年休假天数的计算方法主要为下列两种：

1. 针对新入职职工，当年度年休假天数，按照在本单位剩余日历天数折算确定，折算后不足 1 整天的部分不享受年休假。折算方法为：（当年度在本单位剩余日历天数 ÷365 天）×职工本人全年应当享受的年休假天数。

2. 针对离职职工，当年度未安排职工休满应休年休假的，应当按照职工当年已工作时间折算应休未休年休假天数并支付未休年休假工资报酬，但折算后不足 1 整天的部分不支付未休年休假工资报酬。折算方法为：（当年度在本单位已过日历天数 ÷365 天）×职工本人全年应当享受的年休假天数－当年度已安排年休假天数。用人单位当年已安排职工年休假的，多于折算应休年休假的天数不再扣回。

职工当年应当享受的年休假天数，根据《职工带薪年休假条例》第 3 条的规定，职工累计工作已满 1 年不满 10 年的，年休假 5 天；已满 10 年不满 20 年的，年休假 10 天；已满 20 年的，年休假 15 天。国家法定休假日、休息日不计入年休假的假期。这里需要注意的是，职工累计工作时间是指员工的社会工龄，而非仅指职工在本单位工作的时间。

（三）未休年休假工资报酬支付标准

根据《职工带薪年休假条例》的规定，企业确因工作需要不能安排职工休年休假的，经职工本人同意，可以不安排职工休年休假。对职工应休未休的年休假天数，单位应当按照该职工日工资收入的300%支付年休假工资报酬。在具体实践操作中，提请企业注意如下两点：

1. 计算未休年休假工资报酬的日工资收入按照职工本人的月工资除以月计薪天数（21.75天）进行折算，月工资指职工在用人单位支付其未休年休假工资报酬前12个月剔除加班工资后的月平均工资。在本用人单位工作时间不满12个月的，按实际月份计算月平均工资。这里还需特别注意的是，未休年休假工资报酬的工资计算基数需剔除加班工资，因此关于加班工资的确定就尤其重要，特别是高管人员若约定加班工资包含在其应享受的年薪中，则为避免争议企业与高管人员应就加班工资的具体数额进行书面的确认，确认方式可以在劳动合同中进行明确约定，或者在工资表中明确列明等。

2. 这里所提及的未休年休假工资报酬300%有两层意思需要特别注意：其一，该300%包含了职工正常工作期间的工资收入，如果企业是正常向职工发放了薪酬，则计算未休年休假工资报酬时仅支付200%；其二，该300%要与职工法定节假日加班支付300%加班工资进行区别，这也是很多HR容易混淆之处，法定节假日300%的加班工资并不包含职工正常工作期间的工资收入。

二、企业高管人员年休假管理实操技巧

鉴于高管人员身份的特殊性，其既是企业日常经营的管理者同时也是劳动者，且高管人员一般实行弹性的工作时间，因此企业高管人员的年休假管理往往比较薄弱，容易发生纠纷。一旦发生纠纷，因高管人员薪酬较高且一般工龄较长年休假时间多，若企业面临支付未休年假劳动报酬，则势必会增加企业的用工成本。如何优化企业高管人员年休假管理，避免企业与高管人员产生不必要的纠纷及增加额外人力成本？结合笔者多年的执业经验，企业可参考如下方式完善高管人员年休假管理。

（一）完善企业高管人员年休假管理制度

《职工带薪年休假条例》及《企业职工带薪年休假实施办法》对年休假

的休假条件、休假天数等进行了规定，但并未对高管人员的年休假管理进行规定。基于企业的自主经营管理权，就高管人员的年休假安排、休假程序等，企业可在规章制度中进行设计完善，具体主要体现如下方面：（1）明确高管人员每年应根据自身工作安排自行安排休年休假，若因自身原因未安排而导致当年未休年假的，企业不给予未休年假报酬；（2）基于目前大多数企业在法定节假日均会安排员工高于法定节假日天数休假，因此，企业也在规章制度中及放假安排的通知中明确，员工在法定节假日实际休假时间多于法定节假日的天数为企业统一安排的年休假；（3）若高管人员与企业的劳动关系拟解除或终止，企业应注意及时安排高管人员休完当年度的年休假，以避免产生额外的经济成本；（4）企业可在规章制度中明确要求高管人员提供社会工龄的证据，如劳动合同、离职证明、社保缴纳证明，以此来核定其是否符合享受年休假的条件及应享受的年休假天数，若员工无法提供相关证明材料的，用人单位可仅按其在本单位的工龄进行核定。

（二）企业高管人员的福利年假问题

福利年假是指用人单位在履行法定义务之后自愿给予员工的假期。目前，越来越多的企业特别是外企，在法定年假外还额外给员工福利年假，或者吸引人才在引进高管人员时承诺给予其福利年假，但是往往因为企业未就福利年假的休假条件、审批程序、未休假的后果等进行明确规定而导致在具体适用时发生争议。比较常见的争议如：员工依法应享受 5 天年休假，企业规定员工可享受 10 天年休假，其中 5 天为福利年假，某员工在当年只休了 5 天年休假，还余 5 天年假未休，故要求企业支付未休年休假报酬。从企业角度来看，企业已依法安排员工休了法定的 5 天年休假，福利年假未休不享受报酬；从员工角度来看，员工认为其休的 5 天年休假为福利年假，其未休的 5 天年休假才为法定年休假，其依法应享受未休年休假报酬。因此，为避免此类争议的发生，达到真正激励员工的目的，企业应在规章制度中对福利年假进行明确的规定，如明确区分法定年休假和福利年假的天数及享受条件，确定年休假的休假顺序，福利年假应当在法定年休假休完之后才能申请，并明确未休福利年假的后果等。

【典型案例】某太阳能公司与总经理黄某关于劳动关系解除、损失补偿、股权期权、培训费、未休年休假工资报酬、补足年薪等劳动争议纠纷案

黄某于2011年5月31日与原工作单位某能源公司解除劳动合同，于2011年6月8日与某太阳能公司签订了《劳动合同》，约定："第一条……固定期限5年，自2011年6月8日起至2016年6月7日……第二条……乙方同意甲方安排其在总经理岗位工作，实行计时工作制。工作地点在双流。根据生产经营工作需要，乙方愿意接受甲方及其控股公司对其工作岗位或工作地点进行调整……第六条……（三）有下列情形之一的，甲方可以提前30日以书面形式通知乙方解除劳动合同……3. 本合同订立时所依据的客观情况发生重大变化，致使合同无法履行，经双方协商不能就变更合同达成一致的……"同日，黄某、某太阳能公司签订《劳动合同补充协议》，约定"……3. 甲方聘用乙方担任公司总经理职务，任期5年（任期届满前6个月洽谈下一任期有关事项及续聘签约），按总部授权主持公司经营管理工作……8. 甲方为乙方支付的年薪分为两部分：（1）固定年薪115万元（税后），按月平均发放。（2）绩效年薪根据公司绩效考核完成情况，按公司绩效考核办法执行。9. 离职补偿：因乙方从原单位离职，产生本年度直接和可预期的经济损失200多万元，所以，甲方同意以公司股东即集团公司的名义出具正式书面承诺，承诺给予乙方200万元股权，具体详见承诺书……11. 鉴于乙方目前在读中欧EMBA，甲方同意乙方继续就读，并承担乙方的学习费用……13. 违约责任……（B）甲方违约，主动解除乙方劳动合同的，则合同期未满部分的全部薪水，甲方一次性支付给乙方"。

2011年8月2日，集团公司任命黄某为太阳能公司双流项目指挥部现场指挥长。2011年8月3日，集团公司任命黄某为太阳能公司总经理。2011年9月26日，太阳能公司双流光伏项目开工，2012年8月20日，太阳能公司召开股东会，决议：（1）鉴于光伏行业上游多晶硅和中游硅片、电池及组件等情况日趋严峻，业内知名企业纷纷倒闭、破产、裁员，经股东会研究决定，暂缓太阳能公司双流项目的基础建设工作。（2）当前下游光伏电站形势大好，国家支持政策不断出台，光伏电力事业部2012年2月成立至今，业务拓展迅速。拟调任黄某为光伏电力事业部副总经理，工作地点为新疆，税前基础月薪10,000元人民币，绩效工资按照事业部考核办法核算。太阳能公司双流光伏项目于2011年10月暂时停止建设，至今尚未投产。

2012年9月28日，某太阳能公司作出《合同变更告知书》和《劳动合同变更协议书》，告知黄某："目前所服务的太阳能公司受到行业形势的影响，以致劳动合同订立时所依据的客观情况发生重大变化，迫使合同无法继续履行。依据签订的《劳动合同》第二条第（一）款'根据生产经营工作需要，乙方愿意接受甲方及其控股公司对其工作岗位或工作地点进行调整'，现将您的合同相关内容变更如下：1. 岗位由太阳能公司总经理变更为太阳能光伏电力事业部副总经理。2. 工作地点由双流变更为新疆。3. 调整后的税前月薪为10,000元人民币，绩效工资按公司绩效管理办法考核后发放。"太阳能公司通过公证送达方式将《合同变更告知书》和《劳动合同变更协议书》送达黄某，黄某拒绝签字。后黄某向太阳能公司出具《关于〈合同变更告知书〉的回复》，表明不同意三项变更。

2012年10月12日，太阳能公司向黄某作出《劳动关系终止协议书》，载明："根据甲乙双方于2011年6月8日签订的《劳动合同》第7条第3款第3项之规定，甲方决定与乙方的劳动关系于2011年6月8日开始至2012年10月15日终止。甲方将严格按照《劳动法》及《劳动合同法》相关补偿规定执行，请乙方于2012年10月17日前办理离职手续，乙方的工资将发放至2012年10月15日，另支付1个月代通知金147,264.9元，按国家相关法律法规核算的2个月经济补偿金17,004元……"太阳能公司于同日向黄某作出《解除劳动关系通知书》，载明："贵我双方于2011年6月8日签订的《劳动合同》，因《劳动合同》第7条第3款第3项原因而无法继续履行且经贵我双方协商，未能就《劳动合同》内容达成协议，现我公司根据《劳动法》和《劳动合同法》的相关规定及《劳动合同》的约定，决定从2012年10月15日起与你解除劳动关系，并支付1个月代通知金147,264.9元，按照国家相关法律法规核算的2个月经济补偿金17,004元，合计164,268.9元。上述费用请在收到本文件后1个月内到财务室领取。另，请你于2012年10月17日前到人力资源部办理劳动合同解除手续。"太阳能公司于2012年10

月12日通过公证送达方式将《解除劳动关系通知书》《劳动关系终止协议书》送达黄某。后黄某回函太阳能公司，认为太阳能公司解除劳动关系所依据的理由不成立，要求公司继续履行原合同。2012年10月24日，黄某与太阳能公司办理了员工离职移交手续。

另查明，2011年4月29日，集团公司作出《集团公司关于下发太阳能公司薪酬体系的通知》，其附件1《太阳能公司经营管理团队年薪制管理办法（试行）》载明："……第十二条　实行年薪制人员，在病假等特殊情况下，需按基本工资标准支付时，按附件3《基本工资对应表》标准执行……"其附件3载明指挥长的基本工资为1,000元。太阳能公司于2011年12月5日作出《太阳能公司基建期考勤管理办法（暂行）》，载明："……病假期间的医疗待遇……2. 医疗期病假：员工因患大病或非因工负伤，需要停止工作治疗时，按国家有关规定享受医疗假期。员工医疗期连续请病假期间，工资按国家相关规定发放……医疗期的具体标准如下：短期病假（3~6个月）标准：A. 本公司连续工龄不满10年的，发70%基本工资……"黄某为该文件的签发人。

黄某于2010年4月16日在上海交通大学中欧国际工商学院就读高层管理人员工商管理硕士（EMBA）课程，于2012年9月获得工商管理硕士学位证书，学费为398,000元，该费用系黄某原工作单位某新能源公司缴纳，黄某与太阳能公司建立劳动关系后该款已退还给某新能源公司。黄某在就读EMBA期间于2011年5月参加EMBA2010美加模块，花费学费50,000元，该费用系黄某自行支付。太阳能公司已通过报销方式支付黄某签订《劳动合同》后就读EMBA期间的交通费、住宿费、生活补助等共计98,809元。

黄某累计工作已满20年，根据《职工带薪年休假条例》及《太阳能公司基建期考勤管理办法（暂行）》的规定，黄某的年休假天数为15天。黄某在劳动关系存续期间共休假6天。太阳能公司在黄某工作的2011年6月至2012年10月期间，扣除事假（13,541.6元）、病假（58,962.89元）、缺勤（86,327.7元），共计支付黄某1,491,399.22元。

2011年6月15日，太阳能集团公司作出《关于黄某股权激励有关补充事宜的纪要》，载明"集团公司作为太阳能公司的独资子公司及唯一股东，经与黄某本人协商一致，形成如下决议：1. 为创造公司和个人共同发展平台，给予黄某个人太阳能公司200万元股权激励（股价按1元/股计算），具体实施办法详见《关于下发太阳能公司激励办法的通知》及《关于太阳能公司利润分享的实施办法》。2. 如果3年期利润分享结束按以上文件规定执行后，黄某本人的利润分享、股权激励累计应得奖金或股权不足200万股，集团公司保证将其股权补足200万股。3. 其他事宜，按《劳动合同》及补充协议办理”。2011年6月16日，《关于太阳能公司利润分享的实施办法》载明“……（四）根据股权激励的力度、范围，股权激励方式分为两个层次，具体如下：1. 为突出对个别极重要、核心岗位人员的激励，经集团董事会及总裁办研究决定，在股权激励总额中优先划出1800万元，有针对性地激励，允许按公司原始股价（1元/股）认购入股。2）具体人员名单及标准如下：黄某200万股……3）如以上人员岗位发生变动，届时可根据实际情况进行相应调整，具体由集团总裁办把握……六、经集团董事会、集团总裁办决议，有以下情形之一的，将取消或部分取消现金奖励和股权激励……5. 考核期间公司辞退或不再续聘，未达到绩效考核指标或被解雇者……7. 集团总裁办认定的其他问题”。2012年10月19日，太阳能集团公司总裁办决议，取消对黄某的现金奖励和股权激励。

因黄某对太阳能公司解除其劳动合同行为不服，认为公司违法，故其向劳动人事争议仲裁委员会提起了仲裁，仲裁裁决后，黄某对仲裁裁决不服遂向法院提起了一审诉讼，一审判决后，黄某及太阳能公司均不服，一审判决遂向二审法院提起了上诉。黄某的诉求为：（1）判令确认太阳能公司解除与黄某劳动合同的行为违约并违法；（2）判令太阳能公司向黄某支付违法解除劳动合同的赔偿金25,506.00元，违约金4,216,666.67元（税后），共计4,242,172.67元；（3）判令太阳能公司向黄某支付200万元离职损失补偿；（4）确认黄某享有太阳能公司200万元股权期权；（5）判令太阳能公司向黄某支付EMBA培训费39.8万元，返还黄某垫付的培训费5万元；（6）判令太阳能公司支付黄某未休年假的补偿185,057元（税后）；（7）判令太阳能公司支付黄某未足额发放的13个月固定年薪，共计322,381元（税后）；（8）判令太阳能公司补足黄某2012年10月16日至10月24日期间的工资

39, 654 元（税后）；（9）判令太阳能公司补足黄某于 2012 年 5 月病假期间的工资 28, 161 元（税后）；（10）判令太阳能公司支付黄某的出差费 5, 315 元。

本案经仲裁、一审、二审，最终法院判决：（1）太阳能公司于本判决生效之日起 10 日内一次性支付原告黄某解除劳动合同的经济补偿 12, 753 元；（2）太阳能公司于本判决生效之日起 10 日内一次性支付原告黄某培训费 448, 000 元；（3）太阳能公司于本判决生效之日起 10 日内一次性支付原告黄某未休年假工资报酬税后金额 114, 559. 39 元；（4）太阳能公司于本判决生效之日起 10 日内一次性支付申请人黄某病假工资 56. 4 元；（5）太阳能公司于本判决生效之日起 10 日内一次性支付原告黄某因劳动合同解除而遭受的损失补偿 800, 000. 00 元；（6）驳回原告黄某的其他诉讼请求。

【法律解析】

本案涉及企业在高薪引进高管人员后，基于市场行情发生重大变化而导致双方无法继续履行劳动合同，企业也无法实现最初引进高管的目的，最终因双方未能就岗位、工作地点、薪酬等变更达成一致，导致劳动关系解除而引发的争议。同时，本案也涉及企业在引进高管人员前的协商谈判阶段、高管人员入职后劳动关系履行期间的股权期权激励、年休假、工资发放等问题。笔者结合法院的观点，就黄某诉求中涉及的高管人员在入职前谈判、劳动合同履行及解除相关问题，解析如下：

1. 关于黄某提出确认太阳能公司与其解除劳动合同系违法解除的问题

法院认为，黄某与太阳能公司于 2011 年 6 月 8 日签订的《劳动合同》第 6 条第 3 款已经对合同解除的条件进行了明确约定，该条款亦属于约定解除条款。根据双方提交的证据及客观事实，可以判断出我国光伏行业整体上的确面临非常严峻的困难形势。太阳能公司作为建设过程中的光伏企业，在建设过程中所面临的困难是一个渐进的过程，并不可避免地受到了行业总体形势的影响，况且黄某本人负责的双流项目分析报告中也明确预测到了项目投产后将处于亏损状态。该事实并不能以任何个人或团队的主观意志为转移，投资人或经营团队是否对该产业的前景具有信心，并不能影响客观事实的成立，而转变经营方向和策略也正是积极应对困境的体现。故太阳能公司根据现实状况预见到其建成投产后的经营状况，为避免经营风险，适时对其经营方针和策略进行调整，是合情合理的经营行为。太阳能公司停建其双流项目，对相关人员进行岗位调整，属于客观情况发生重大变化的情形。因太阳能公司双流项目的停建，黄某负责的工作将无法继续进行，根据《劳动合同》的约定，太阳能公司提出对黄某进行工作变更，黄某拒绝接受，双方未能达成一致意见，太阳能公司在提出额外支付黄某1个月工资后依据双方所签订的《劳动合同》约定解除合同条款解除双方的劳动合同并不违反相关法律规定。因此，法院支持了太阳能公司根据《劳动合同法》第40条第3项解除劳动合同的合法性，太阳能公司仅需向黄某支付解除劳动合同的经济补偿金而非赔偿金，鉴于黄某作为高管人员其工资标准已高于社平工资的3倍，因此太阳能公司向其支付经济补偿金的月工资基数按照社平工资3倍计算。

2. 关于黄某提出太阳能公司向黄某支付200万元离职损失补偿和确认黄某享有太阳能公司200万元股权期权的问题

法院认为，根据黄某与太阳能公司往来的邮件内容可以看出，黄某的离职损失由黄某在前用人单位新能源公司的股权期权、黄某就读中欧国际工商学院的学费398,000元及工资待遇几部分构成，根据黄某与太阳能公司签订的《劳动合同补充协议》第9条和集团公司做出的《关于黄某股权激励有关补充事宜的纪要》《关于下发太阳能公司激励办法的通知》《关于太阳能公司利润分享的实施办法》可以看出，黄某从原单位离职的损失补偿200万元的实现方式最终已变更为通过200万元股权激励（股价按1元/股计算）方式予以实现。黄某主张的200万元离职损失和200万元股权期权实质上属于同一诉讼请求，因黄某、太阳能公司之间的劳动合同已经解除，黄某已不属于享有该股权激励的人员范围且已丧失享有股权激励的资格。但基于黄某与太阳能公司双方劳动关系的解除系客观情况发生重大变化的情形造成，对于劳动合同的解除，双方均没有过错，考虑到因解除劳动合同确实对黄某造成了经济损失，太阳能公司应当对黄某的经济损失予以适当的补偿。因此，法院对太阳能公司应补偿的损失酌情认定为800000元。

3. 关于黄某提出太阳能公司应支付其就读中欧国际工商学院EMBA培训费398,000元，返还黄某垫付的培训费50,000元的问题

本案一审法院认为，根据黄某与太阳能公司签订的《劳动合同补充协

议》第 11 条的约定，太阳能公司应当承担黄某继续就读中欧国际工商学院 EMBA 的学习费用。因太阳能公司在签订劳动合同前已将黄某读中欧 EMBA 的学费 398, 000 元确认在黄某的离职损失中，故一审法院对黄某主张的 398, 000 元部分不予支持。黄某主张的 50, 000 元培训费并未包含在双方确定的离职损失中，太阳能公司未举证证明已经支付该费用，因此，太阳能公司应返还黄某垫付的培训费 50, 000 元。二审法院则认为，黄某中欧 EMBA 的学费 398, 000 元其原用人单位新能源公司已经支付完毕，黄某离职后该笔费用黄某已退还原单位，且黄某与太阳能公司在入职前的往来邮件显示，黄某将该笔学费作为其入职太阳能公司的谈判条件之一，鉴于黄某与太阳能公司签订《劳动合同补充协议》第 11 条的约定，太阳能公司同意黄某继续就读中欧国际工商学院 EMBA 并承担黄某学习费用，该约定是双方在入职谈判时就学费问题达成的约定，因此，太阳能公司应支付黄某所有学费共 448, 000 元。

4. 关于黄某提出太阳能公司应支付黄某未休年假的补偿 185, 057 元的问题

法院认为，根据《职工带薪年休假条例》和《企业职工带薪年休假实施办法》的规定，黄某工作已满 20 年，年休假应当为 15 天。根据《企业职工带薪年休假实施办法》第 5 条、第 12 条的规定，黄某 2011 年在太阳能公司处工作 207 天，年休假应折算为（207 天 ÷ 365 天）×15 天≈8 天。黄某 2012 年在太阳能公司处工作 289 天，年休假应折算为（289 天 ÷ 365 天）×15 天≈11 天。黄某在太阳能公司处已休假 6 天，故黄某的未休年假补偿为 171839. 08 元（1150000 元 ÷ 12 个月 ÷ 21. 75 天 × 13 天 × 300%），因太阳能公司已按照 1 倍工资标准向黄某支付了 13 天的工资，故太阳能公司应支付黄某未休年假补偿为 114559. 39 元（1150000 元 ÷ 12 个月 ÷ 21. 75 天 × 13 天 × 200%）。太阳能公司提出黄某在 2011 年的未休假工资已过仲裁时效，公司已安排黄某在 2012 年进行了休假，且根据公司规定，员工连续服务满 1 年后才享受带薪年休假的主张，法院认为黄某 2011 年的年休假未休部分并未超过仲裁时效，太阳能公司未提交证据证明已对黄某的 2012 年年休假进行了安排。根据《企业职工带薪年休假条例》《企业职工带薪年休假实施办法》的相关规定，法院

认定太阳能公司应支付黄某 2011 年及 2012 年未休年假的工资 1145,59.39 元。

5. 关于黄某提出太阳能公司应支付黄某未足额发放的 13 个月固定年薪 322,381 元的问题

法院认为，根据黄某与太阳能公司签订的《劳动合同》，双方明确约定黄某的年薪分为两部分：（1）固定年薪 115 万元（税后），按月平均发放。（2）绩效年薪根据公司绩效考核完成情况，按公司绩效考核办法执行。根据该条约定，黄某的平均月薪应当为 1,150,000 元 ÷ 12 个月 ≈95,833 元。根据庭审查明的事实，太阳能公司在 2011 年 6 月至 2012 年 10 月期间，扣除事假（13,541.6 元）、病假（58,962.89 元）、缺勤（86,327.7 元）共计支付黄某 1,491,399.22 元，已超过每月 95,833 元。根据庭审查明的事实，黄某本人负责的双流项目一直处于建设过程中，至今未产生任何收益，太阳能公司也从未支付过该项目的绩效工资。至于黄某提出其固定年薪应当由基本工资、固定岗位工资组成，不应当包括浮动岗位工资，浮动岗位工资属于绩效工资的主张，于法无据。太阳能公司将工资分为固定岗位工资、浮动岗位工资等项目，不能影响其依约最终向黄某发放工资的数额。太阳能公司已按照税后固定年薪的标准按月发放了工资，因此，法院最终未支持黄某补足年薪的主张。

【实操要点】

虽然我国并非判例法国家，但法院的裁判思路往往对企业的经营管理起着重要的指引作用。因此，结合上述法律解析，针对企业在引进高管人员前的协商谈判阶段、高管人员入职后劳动关系履行期间的股权期权激励、年休假、工资发放等问题，笔者基于多年的执业经验，给企业如下几点建议：

1. 重视入职前的协商谈判阶段并保留往来邮件等证据

由于高管人员的入职、离职对于企业而言影响重大且往往牵涉高管人员的切身利益，因此高管人员在就业选择中也是非常谨慎。在企业与高管人员正式签订劳动合同前，双方往往需要进行多轮的协商谈判，虽然在此阶段双方仅是一种意向性的磋商，但是磋商内容对双方建立劳动关系后的劳动合同实质性内容有重要意义。如上述案例，若双方在履行劳动合同过程中，就劳动合同条款或者签订的其他协议内容存在争议，则对于条款的解释往往需要

结合入职前双方协商谈判的内容来确定。同时，实践中也存在诸多高管人员凭依入职前双方就劳动关系建立进行磋商的邮件、备忘录、录音等证据请求企业给予相关待遇的案例。因此，企业应重视与高管人员的入职前磋商，并保留往来证据，同时在与高管人员签订劳动合同或相关协议时尽量根据双方达成的意向起草相关条款并保证条款内容的准确性，避免歧义，且需书面明确高管人员的薪酬福利待遇以高管人员入职后与企业签订的劳动合同等书面文件为准。

2. 针对高管人员岗位、工作地点、劳动报酬等涉及劳动合同内容的变更事宜提前在双方签订的劳动合同中进行明确约定

实践中，企业不惜付出高额代价引进高管人员往往系基于企业的重大经营发展所需，上述案例中，该公司引进黄某即是为了特定项目的建设。但是，市场在不断变化，亦会出现一些特定情况而导致企业引进高管人员的目的不能实现，从而导致双方无法继续履行之前达成的协议。所以，企业应注意在与高管人员签订劳动合同时提前约定好发生特殊情况下劳动合同内容如薪酬待遇、工作地点、工作内容等变更事宜的处理，以此避免发生争议时无依据可寻。

3. 优化工资结构且就工资构成取得高管人员的书面确认

上述案件中，公司与黄某在劳动合同中约定固定年薪 115 万元（税后），按月平均发放。注意此处表述为“固定年薪”，企业并未就该固定年薪的构成进行明确。因此，在发生争议时，企业提供的工资表显示固定年薪实际系由基本工资、固定岗位工资、浮动岗位工资基数、浮动岗位工资 4 部分组成。黄某即主张因双方约定为固定年薪 115 万元，故企业应向其发放的基本工资、固定岗位工资总额是 115 万元。虽然法院最终基于企业所举证的浮动岗位工资部分实际与考核无关，系每月固定发放金额，采纳了企业主张的已足额支付完毕其固定年薪，但为避免此种争议，企业与高管人员最好就工资构成及不同工资构成项的发放条件在双方签订的劳动合同或其他书面协议中予以明确，同时在规章制度中予以明确，或以工资表的形式进行书面确认。

4. 注重给予福利的方式及不同福利的享受条件设定

企业在引进高管人员时往往给予很多额外的工资福利待遇，如上述案例

提及的股权期权激励及特殊培训。针对企业为高管人员提供的专业培训，根据《劳动合同法》的规定，企业可以与高管人员约定服务期，若高管人员违反服务期约定的，企业可以要求高管人员承担违约责任。上述案例中企业并未就其支付培训费事宜与高管人员约定服务期及违约责任，导致最终企业全额承担了培训费用。因此，针对企业高管人员的工资福利待遇，企业应重视根据不同福利待遇的特点，依法与高管人员提前约定福利享受的方式。针对企业为高管人员提供的股权期权激励，只有在股权激励方案中及与员工签订的协议中明确约定行权条件及资格丧失情形，才能在发生争议时，取得司法机关的认可。

5. 企业应及时统筹安排高管人员休年休假

因高管人员工资较高，所以若因未休年休假而导致企业需要向高管人员支付工资报酬，无疑会额外增加企业的用工成本。针对高管人员年休假问题，企业常见误区及需注意的事项如下：（1）未休年休假的条件为“连续工作满12个月”，这里指的是员工的社会工龄而非员工在本单位的工龄，因此如上述案例所述即使企业在规章制度中明确员工需在本单位连续工作满1年才享受年休假，亦是无效规定，不会被司法机关认可。（2）年休假天数的计算以自然年度为周期，而非以员工入职时间起算一年为周期，因此针对并非在自然年度始末入职、离职的员工，其年休假天数应根据实际情况进行折算，具体折算方式在前文已提及，此处不再赘述。（3）未休年休假工资报酬的300%已包含员工正常工作期间的工资，因此，若企业正常发放了员工的工资，则在计算未休年休假报酬时按照200%计算。（4）若企业未安排员工休足法定应休的年休假，则企业需支付两年时间的未休年休假工资报酬。因劳动争议案件的仲裁时效为一年，所以很多企业的HR认为即使企业未支付未休年休假工资报酬，则也只需支付一年。但是，由于年休假系以自然年度进行核算，因此在司法实践中企业需支付员工两年未休的年休假工资报酬。（5）年休假需企业主动统筹进行安排，且发生争议时需企业承担已安排员工休年休假的举证责任。因此，企业应及时统筹安排员工的年休假，特别注意的是，如上述案例，针对拟离职的员工，企业可先安排员工休完年休假后再解除劳动关系，以此避免支付未休年休假工资报酬。

第五章　劳动合同变更

劳动合同的变更是指劳动合同依法订立后，在合同尚未履行完毕之前，对劳动合同内容作部分修改、补充或者删减的法律行为。高管人员与企业签订劳动合同后，其工作岗位、工作时间、工作地点、工资标准等均已协商一致确定，双方均应按照劳动合同的约定履行各自义务，但企业因经济形势或外部环境的变化及自身发展、管理需求等原因，需调整高管人员工资标准、工作岗位等内容的可能性很大，且相对频繁，这必然涉及双方劳动合同的变更。如何合法有效地变更高管人员的劳动合同并最大限度降低法律风险，是本章将重点阐述的内容。

第一节
协商一致变更劳动合同

根据《劳动合同法》第35条“用人单位与劳动者协商一致，可以变更劳动合同约定的内容。变更劳动合同，应当采用书面形式。变更后的劳动合同文本由用人单位和劳动者各执一份”的规定，劳动合同作为一般民事合同，遵循双方意识自治原则，无论双方签订劳动合同时如何约定，只要双方协商一致，即可就劳动合同内容进行变更。企业高管人员虽然相较于一般劳动者而言具有自身的特点，但如本书第一章所述，《劳动合同法》并未将高管人员排除在调整对象之外，因此高管人员的劳动合同变更也应依据上述法律规定执行。

一、变更劳动合同“书面形式”的具体要求

基于上述《劳动合同法》第 35 条的规定，变更劳动合同应采用书面形式，但对于书面形式应如何理解，未见详细规定。狭义理解：企业与高管人员作为劳动合同的双方当事人，为体现双方协商一致，“书面形式”应理解为双方另行签订书面协议，即劳动合同变更协议。广义理解：由于每个企业管理水平及管理风格不一致，且目前越来越多的企业推行无纸化办公、网络系统办公，只要能确定高管人员同意变更的有痕资料均可视为书面形式（含电子邮箱、OA 等电子办公系统确认）。司法实践中，对于“书面形式”的认定相对宽松，除了高管人员能够证明其是在受到欺诈、胁迫等情形下，基于非真实意思表示签署或确认的劳动合同变更资料，均视为双方已就劳动合同变更达成一致，不得反悔。

二、变更劳动合同未采用书面形式，但已实际履行视为已变更完成

根据《最高人民法院关于审理劳动争议案件适用法律若干问题的解释(四)》第 11 条“变更劳动合同未采用书面形式，但已经实际履行了口头变更的劳动合同超过一个月，且变更后的劳动合同内容不违反法律、行政法规、国家政策以及公序良俗，当事人以未采用书面形式为由主张劳动合同变更无效的，人民法院不予支持”之规定，变更劳动合同未采用书面形式，是否应当认定有效，应分情况讨论（见表 5 - 1）：

表5-1 变更劳动合同未采用书面形式的效力判断

履行时间	内容合法性	效力判断	后果
未超过一个月	合法	无效	双方均有权要求按照原合同履行
	不合法		
超过一个月	合法	有效	双方均应按变更后的劳动合同执行
	不合法	无效	双方均有权要求按照原合同履行

由于高管人员在企业拥有较高地位，可能经高层讨论变更岗位后未及时告知人力资源部相关人员，从而导致未完成变更协议等文件的确认；同时部分企业认为高管人员（尤其是拥有公司股权的人员）不需要签协议，或认为其不容易与企业产生争议，便忽视了变更文件的确认。但未确认变更，不代表变更未完成或未生效，依据上述规定，劳动合同的变更还可以通过实际行为予以确定。

特别提示：由于工资收入涉及劳动者切身利益，为避免企业滥用上述规定无故克扣员工工资，涉及劳动报酬的变更不适用上述司法解释。

第二节 用人单位单方变更劳动合同

《劳动合同法》等劳动领域相关法律法规同时具有公法及私法的性质，一方面需要维护劳动者的合法权益，规范企业的管理行为，另一方面需保障社会经济的平稳发展，因此《劳动合同法》在一定程度上维护了企业的自主经营及管理权，赋予了企业单方变更劳动合同的权利。但是，在劳动关系中用人单位相对较为强势，为限制用人单位变更劳动合同的随意性，《劳动合同法》等法律法规仅在少部分情形下允许企业附条件地单方变更劳动合同。

一、岗位变更

（一）患病或非因工负伤员工岗位调整

根据《劳动合同法》第 40 条“有下列情形之一的，用人单位提前三十日以书面形式通知劳动者本人或者额外支付劳动者一个月工资后，可以解除劳动合同：（一）劳动者患病或者非因工负伤，在规定的医疗期满后不能从事原工作，也不能从事由用人单位另行安排的工作的……”的规定，如高管人员患病或者非因工负伤，在规定的医疗期满后不能从事原工作时，可以单方调整其工作岗位。

在此情形下，用人单位单方调岗需同时满足两个条件：一是相关高管人员患病或非因工负伤；二是在规定的医疗期满后不能从事原工作。第一个条件比较容易满足，第二个条件中的医疗期，根据《企业职工患病或非因工负伤医疗期规定》第 2 条的规定，是指企业职工因患病或非因工负伤停止工作治病休息不得解除劳动合同的时限。具体时限根据其社会工龄及在本企业的工龄，计算如下（见表 5－2）：

表 5－2　员工患病或非因工负伤医疗期确定

实际工作年限	本单位工作年限	医疗期	累计病休时间
10 年以下	5 年以下	3 个月	按 6 个月累计
	5 年以上	6 个月	按 12 个月累计
10 年以上	5 年以下	6 个月	按 12 个月累计
	5 年以上 10 年以下	9 个月	按 15 个月累计
	10 年以上 15 年以下	12 个月	按 18 个月累计
	15 年以上 20 年以下	18 个月	按 24 个月累计
	20 年以上	24 个月	按 30 个月累计

高管人员医疗期满后应当如何认定不能从事原工作呢？我们认为解决途径如下：（1）根据医疗机构的医嘱确定，如医嘱建议载明相关员工不得从事某些工作的，例如，对于需长期经常乘飞机到各地工作的高管人员医疗期满

后，医嘱建议不能乘飞机的；或医嘱建议不宜操劳需静养，但基于高管人员工作特殊性，其在管理过程中或决策过程中不可避免地需劳心费力的。在此应注意：由于高管人员社会资源较为丰富，不排除其通过各种途径开具虚假证明的情况，如果用人单位对于医院证明存疑建议去医院核实，或者为其付费到另一医院另行检查，从合理性及维护员工利益的角度来看，另行安排的医院应在专业水平或等级上高于员工出具医嘱建议的医院。(2) 根据客观情况确定，如高管人员截肢不能熟练使用电脑等明显不能从事原工作的情形。(3) 进行劳动能力鉴定，根据劳动能力等级确定。

(二) 高管人员不能胜任工作时的岗位调整

根据《劳动合同法》第40条“有下列情形之一的，用人单位提前三十日以书面形式通知劳动者本人或者额外支付劳动者一个月工资后，可以解除劳动合同……(二) 劳动者不能胜任工作，经过培训或者调整工作岗位，仍不能胜任工作的……”的规定，员工不能胜任原工作时，用人单位可以单方调整其工资岗位。对于企业而言，其支付高薪聘请高管人员的目的是更好地管理企业、增产增效。因此，高管人员的个人能力及其岗位胜任情况相当重要。才不配位，可能导致员工不服管，不但达不到正面的管理效果，使其起到表率作用，甚至导致人才流失；建立“能上能下”的晋升管理机制对于提升企业竞争力非常重要。一般情况下，如员工是晋升至高管人员，其不会提出异议，但其如是从高管人员的降为普通员工，尤其是以其不能胜任工作为由降职降级的，极有可能发生争议。实践中，经常有企业咨询律师，称觉得公司的总经理能力不行想要换掉、公司财务总监的能力好像只能当会计，想要调岗降薪，律师问有证据证明不能胜任工作吗？比如有客观公正的考核吗？民主测评有吗？有明确安排的工作或工作要求相关高管人员没有完成吗？答案均是否定的。可以看出，用人单位在适用上述法律规定时遇到的最大障碍即没有充分的证据证明高管人员不能胜任工作，往往是公司觉得他不能满足公司竞业发展需要，不能胜任工作，公司同事觉得这个员工能力不行等主观认识，而没有量化的指标，有法律规定，但无处理依据或证据。那么，如何才能实现认定员工不能胜任工作呢？笔者有如下几个建议：

1. 设置明确的岗位职责

具体可在劳动合同中就高管人员的岗位职责进行明确约定，或制定《岗位说明书》《目标责任书》等让其签收，岗位职责及要求、考核指标及考核标准一定要有证据证明相关高管人员知晓（如签收、OA 公示记录），否则发生争议时其很可能否认该证据，岗位职责难以证明适用于相关高管人员。在无岗位要求的情形下，自然不能推导出该高管不能胜任工作。

2. 设置明确的考核依据

企业可根据实际经营情况或经营目标结合具体的高管职务要素设定考核制度，明确规定不胜任工作的具体标准，如综合评分低于 60 分或绩效考核成绩为 D 档则视为不能胜任工作。考核结果最好由相应高管人员签字确认，避免其事后提出异议；当然，也可以在制度中明确规定员工对于考核结果不符的申诉途径，如逾期申诉则视为认可考核结果。提醒用人单位注意三点：第一，考核制度应根据《劳动合同法》第 4 条的规定，经民主程序制定并向员工告知，以确保制度本身的合法性；第二，考核制度的内容应尽量具体明确，且降低主观评价的占比，以提高考核制度的可操作性及合理性；第三，考核的实施应根据考核制度规定的程序执行，避免被认定随意处置员工，认定调岗违法。

3. “末位淘汰”机制不可取

实践中，末位淘汰制是很多用人单位采取的一种管理手段，以提高核心团队的竞争力；但是，《劳动合同法》实施以后不论是在企业的规章制度里还是在劳动合同中，规定或者约定以末位淘汰的结果对员工实施单方调岗，或者解除劳动合同都是违法的，对双方不具有约束力。例如，某集团公司每年对外派至各分子公司的总经理进行考核排名，对排名为倒数 1 ~ 3 名的总经理给予免职处理，自 2018 年起陆续有被免职的总经理提起仲裁要求支付经济补偿金或要求恢复员工原岗位，最终裁判结果均认定该集团“末位淘汰”违法，其不能证明相关总经理不能胜任原岗位，为此该集团已累计支付近千万元的补偿款。

（三）高管人员劳动合同终止/解除前的岗位调整

根据《劳动合同法》第 23 条的规定，用人单位与劳动者可以在劳动合同中约定保守用人单位的商业秘密和知识产权相关的保密事项。另外，根据《原劳动部关于企业职工流动若干问题的通知》第 2 条的规定，用人单位与掌握商业秘密的职工在劳动合同中约定保守商业秘密有关事项时，可以约定在劳动合同终止前或该职工提出解除劳动合同后的一定时间内（不超过 6 个月），调整其工作岗位，变更劳动合同中相关内容。由于商业秘密为企业的核心竞争力，为保护企业合法权益，促进经济健康发展，法律法规赋予了用人单位预先约定岗位调整情形的权利。企业高管人员必然接触或掌握企业商业秘密，因此企业与高管人员可在劳动合同中预先约定脱密期和调岗事项的，符合条件时即可依照约定对相关员工进行调岗。由于《原劳动部关于企业职工流动若干问题的通知》出台于 1996 年，早于《劳动合同法》的颁布时间，根据新法优于旧法原则，《劳动合同法》的效力高于《原劳动部关于企业职工流动若干问题的通知》。为最大限度契合《劳动合同法》规定的协商变更要求，我们建议用人单位在劳动合同或规章制度中除事先明确约定相关高管人员具体的岗位调整时间及用人单位的单方调岗权外，应注意明确调整后的岗位情况（如变更后的岗位、工作内容、薪酬标准），形成完整的变更内容，以尽可能认定双方就岗位调整达成一致意见，降低调岗阻碍。

（四）女性高管人员的岗位调整

《女职工劳动保护特别规定》第 6 条规定：女职工在孕期不能适应原劳动的，用人单位应当根据医疗机构的证明，予以减轻劳动量或者安排其他能够适应的劳动；对怀孕 7 个月以上的女职工，用人单位不得延长劳动时间或者安排夜班劳动，并应当在劳动时间内安排一定的休息时间。其第 5 条规定：用人单位不得因女职工怀孕、生育、哺乳降低其工资、予以辞退、与其解除劳动或者聘用合同。《女职工劳动保护特别规定》在附录还规定了女职工在孕期和哺乳期禁忌从事的劳动范围。因此，女职工在孕期不能适应原劳动且医疗机构出具相关证明的，或者女职工原岗位属于孕期和哺乳期禁忌从事的劳动范围的，用人单位可以对孕期、哺乳期女职工进行调岗。

很多单位认为，《女职工劳动保护特别规定》的相关内容与其说是用人单位的单方调岗权，不如说是女职工的调岗权利，“三期”女职工属于较为敏感且强势的群体，女性高管人员更加强势，发生争议影响面较广，也可能受到更多的关注。笔者认为，上述规定的本意为保护女职工合法权益，但是企业只要在不加重工作量或者安排女高管人员无法适应的岗位，同样可以在维护其权益的前提下合理运用法律规定，实现自身的管理需要。

（五）用人单位根据“生产经营需要”单方调整高管人员的岗位合法性分析

许多企业尤其是集团化企业或者业务分布范围较广的企业为促进各分/子公司或业务板块的均衡发展、提高管理效能以维持或提高企业竞争力，拟不断调整或轮换高管人员的工作岗位或工作地点。常见的做法是，企业和相关高管人员谈话，达成初步意向后高管人员直接到新岗位履职，不签书面文件，最多内部发一个“关于×××等同志工作任免的公告”，当然在这种情形下也应视为是高管人员与公司协商一致变更劳动合同，一般不会产生争议。在企业与相关高管人员沟通不畅时，企业经常问：是否可以依据劳动合同中的单方调岗约定调整高管人员的岗位呢？我们看到很多用人单位的劳动合同中都有一条约定：“甲方有权根据生产经营需要调整乙方的工作岗位，乙方应服从岗位调动并积极履行岗位职责”。是否可以认定在劳动合同签订时已经赋予企业单方调整工作岗位的权利呢？

目前，实践中对于用人单位与员工事先约定根据生产经营情况调岗的效力问题存在不同的观点。一种观点认为，劳动合同大都为格式合同，员工可以要求修改的范围很小或者根本就不能修改，如直接在劳动合同签订时即约定用人单位可根据生产经营需要调整员工岗位，属于用人单位免除自己的法定责任、排除劳动者的权利的霸王条款，如认定有效，将极有可能导致用人单位滥用权力，不利于员工权益的保护。另一种观点认为，当前经济形势多变，企业的经营发展压力大，且《劳动合同法》要求企业在签订两次固定期限劳动合同后需与员工签订无固定期限劳动合同，如企业不能根据实际需要调整员工岗位，其人力资源管理难度可想而知；而且对于高管人员而言，企业更注重的是能力、效率，如不能调整，将导致支付高额的人力成本，但不能提高产能效率，甚至产生负面影响，长此以往必然限制企业发展，不利于社会经济的发展。对于员工与用人单位此类约定的效力不能完全否定，当然也不能全部肯定，而是在从严把握维护员工合法权益的基础上，分情形确定效力，兼顾效率与公平。

笔者比较认同第二种观点，如果确因生产经营需要，在合法合理的基础上，用人单位可以根据双方事先约定对高管人员进行调岗。这里我们需要重点关注合法性及合理性问题，那么，如何才能证明合法性、合理性呢？根据笔者的办案经验，结合最高人民法院法官的观点，主要从以下几个方面分析。

1. 权利来源合法合理

所谓权利来源，我们主要从劳动合同及规章制度的角度进行分析。一般而言，如果在劳动合同中约定用人单位调岗权，则可以增加我们调岗合理性的认定。其主要原因有两点：一是法律对当事人合意的尊重；二是提前约定可以推断企业事后滥用自主权的可能性更小。同时，在我国的劳动法体制下，经过民主公示程序制定的规章制度是行使用工自主权的合法途径，因此通过规章制度关于企业对高管人员的调岗的相关规定也会加大单方调岗权的合理性。

很多用人单位在劳动合同及规章制度中仅约定或规定“公司有权根据生产经营需要调整员工的工作岗位”，由于这个表述过于笼统，司法机关在审理案件时很可能认为用人单位滥用权利。因此，笔者建议用人单位在对高管人员调岗进行约定或规定时应当明确、具体，即明确单方调岗的前提条件、调整后的岗位范围或类别、工作地点、调岗后的福利待遇等具体事项，如约定用人单位在撤销或新设部门时有权根据任职经验、工作能力调整员工至与其相匹配的岗位，且根据调整后的岗位确定员工薪酬。另外，我们要提醒的是，在设计劳动合同条款及规章制度时要注意，不要给自身设置障碍。例如，某物业公司与其某子公司总经理罗某某在劳动合同中约定：罗某某工作地点在中国移动（中国移动××服务厅）；如合同约定的工作地点、内容、岗位、待遇等因需要而变更，双方另签订补充协议。后公司因与中国移动的合作终止，遂将罗某某的工作岗位调整为另一子公司总经理，工作地点从中国移动××服务厅调动至某购物中心。虽然公司调岗基于生产经营需要，但是由于劳动合同中约定岗位变更必须签订补充协议而导致企业单方调岗权受限，最终罗某某拒绝公司调岗而辞职并要求公司支付补偿金，双方发生争议，案件经仲裁、一审、二审，公司败诉。

2. 调岗内容合法合理

调岗内容合理性是指新岗位的各个维度与原岗位的相似度，包括薪酬、工作内容、任职资格、工作地点、工作环境、工作时间等的相似度。

（1）薪酬是劳动者利益最重要的影响因素，因此各地司法机关判别单方调岗合理性时将其排在首位。关于薪酬相似的幅度，从高管人员利益保护出发，维持或提高薪酬水平必然更能说明调岗的合理性。但是，如果企业有严格的薪酬体系，并根据薪酬体系确定新岗位的薪酬水平，即使在小幅度内降低了薪酬水平，笔者认为也并非不合理。

（2）工作内容指劳动者具体从事什么种类或内容的劳动，是工作岗位的最本质内容。工作内容的相似度应当从原岗位与新岗位日常的工作范围、工作性质、工作任务、工作职责等方面来判断。例如，将财务总监与驾驶员相比较，前者的工作内容主要是财务处理和管理工作，而后者是车辆驾驶和技术工作，所以二者相似度很小。再如，人力资源总监与招聘专员，前者的工作范围包含了后者的工作范围且专业度相关，从性质上说二者均属于人力资源管理工作，所以工作内容相似度相对较高。

（3）任职资格指岗位所需的劳动者的知识、技能、能力、个性、身体状况等方面的要求，它一方面反向证明岗位工作内容的相似度，另一方面可以判断员工对于新岗位的适应能力和偏好程度，因而对员工的切身利益有重要影响。实践中，任职资格可以参考岗位说明书和录用条件进行判别，因此在对员工进行调岗时应明确调岗后的任职条件。这一点对于高管人员尤为重要，高管人员一般具有较高的学历、较为丰富的工作经验、较高的社会地位，用人单位在对其进行调整时，应设置与其学历、工作经验等相似的岗位，如差异太大，可能被认定为该岗位调整不合理，存在恶意针对的嫌疑。

（4）现代劳动者并非以经济利益作为其对工作的全部需求，工作地点和工作环境（办公设备、福利设施等）不仅影响员工的直接经济成本（如交通成本、餐饮成本），还会影响员工的心理成本和工作满意度，对于高管人员而言更是从简入奢易，从奢入俭难。因此，笔者认为工作地点和工作环境也应当纳入合理性审查的范围。如果新旧岗位的工作地点和工作环境的差异过大，给高管人员带来明显影响，且其提出异议的情况下，可以视为单方调岗不合理。

（5）工作时间包括工时制度和某一工时制度的具体工作时间。工作时间不仅影响工作强度，还影响员工的工作习惯和生活状态。对于高管人员而言，更多的是适用标准工时制或不定时工作制，上班时间相对比较灵活，如将其工时制度由标准工时制度变成综合计算工时制时，由于其已经长期习惯了朝九晚五的工作，很难适应和接受两班倒或者三班倒的倒班制度，可能对高管人员的生活造成重大影响。所以，保持新旧岗位同样的工时制度和相似的工作时间说明单方调岗的合理性更强。

3. 程序合法合理

企业的单方调岗行为在实施之前应当进行以下几个准备步骤：

（1）在作出调岗决定前，如用人单位有工会，笔者建议用人单位征求工会意见，向工会发送关于调整某高管人员工作岗位的征求意见函，载明调岗原因、调岗依据及对其权益保护的相关措施，并要求工会书面回函。

（2）充分告知相关高管人员。调岗属于与员工切身利益相关的重大事项，员工对调岗的各个方面都有知情权，因此企业在行使单方调岗权之前有义务就相关事项向员工进行充分的告知。告知的方式可以是灵活多样的，包括书面通知、当面解释等，但是从证据保存的角度出发，建议企业与高管人员沟通的过程中邀请工会参加并形成谈话记录，另外，至少要有一份书面通知并要求该高管人员签收，并同时辅以其他方式告知（如电子邮件、OA 通知），而告知的内容包括调岗的原因、调整的岗位选项、调整后的各项待遇等详细内容。

（3）给予适应期及相应协助。一般来说，新旧岗位之间或多或少存在一定的差异，包括工作内容、工作技能、工作环境等各方面，高管人员从旧岗位转换到新岗位需要一定的适应期。从诚实信用原则及保护员工权益出发，企业应当给予员工一定的适应期，如适当降低考核标准，或在过渡期内保持原来的考核工资，同时企业也有义务协助员工更快更好地适应新岗位，如给予新岗位所需技能的培训、在交通成本增加时提供一定的补贴等。

（4）不可以部门/岗位撤销单方调岗。根据《原劳动部关于〈中华人民共和国劳动法〉若干条文的说明》第 26 条的规定，所谓的“客观情况”，指发生不可抗力或出现致使劳动合同全部或部分条款无法履行的其他情况，如企业迁移、被兼并、企业资产转移，并且排除“用人单位濒临破产进行法定整顿期间或者生产经营状况发生严重困难”的情形。对于其他客观情况，法律法规并没有进行明确规定。如要将部门撤销视作客观情况发生变化，必须证明合理性，而非变相排挤或解除员工的借口，司法实践中一般从严掌握。即便是符合“客观情况发生重大变化”而导致的部门消失，企业要对员工进行调岗，也必须经过和员工协商并达成一致意见，否则，企业无权调岗。如果协商不能达成一致，用人单位可以解除劳动合同，但是需要依法支付经济补偿。

二、高管人员工资标准变更

工资作为劳资关系建立及维护的重要“纽带”长久以来都是劳资双方关注的重点内容。用人单位力求以最低的人力成本创造最高的价值，而员工则普遍高估自己的付出，低估用人单位给予的回报，由此双方矛盾一直存在。高管人员具有较高的学历、执业技能，在成为高管人员前对自己可能投入了较大成本，因此高管人员的薪酬相较一般员工偏高，同时适用股权激励等薪酬激励政策较多，如涉及其薪酬调整，双方极易发生争议。但对于企业而言，受外部环境影响（如 2020 年初的新冠肺炎）及自身发展情况的约束，在不同时期可能想要调整高管人员的工资。一般而言，调高工资标准，双方皆大欢喜，但调低工资标准甚至只是有调低的可能，都可能产生争议。如何确定工资标准及工资发放方式，尽可能维护双方权益，是本节的重点内容。

基于前述分析，我们知道工资作为劳动合同的必要条款之一，如涉及调整应当由劳资双方协商一致后书面确认，但是双方协商一致并签订书面协议这种理想的状态少之又少。如何实现企业的效益与员工薪酬相关联，尽可能兼顾效益与公平，是很多企业关注的问题。纵观劳动法领域法律法规的规定，仅《工资支付暂行规定》第 12 条规定了用人单位在非因员工本人原因而导致停产、停工时，可单方调整员工薪酬，即“非因劳动者原因造成单位停工、停产在一个工资支付周期内的，用人单位应按劳动合同规定的标准支付劳动者工资。超过一个工资支付周期的，若劳动者提供了正常劳动，则支付给劳动者的劳动报酬不得低于当地的最低工资标准；若劳动者没有提供正常劳动，应按国家有关规定办理”（此处按“国家有关规定办理”一般是按照各地失业金的标准支付最低生活费，如四川地区按最低工资80%支付生活费），除此之外，未见关于用人单位调整薪酬的相关规定。根据《工资支付暂行规定》第15条“用人单位不得克扣劳动者工资。有下列情况之一的，用人单位可以代扣劳动者工资：（1）用人单位代扣代缴的个人所得税；（2）用人单位代扣代缴的应由劳动者个人负担的各项社会保险费用；（3）法院判决、裁定中要求代扣的抚养费、赡养费；（4）法律、法规规定可以从劳动者工资中扣除的其他费用”的规定，用人单位可以从员工工资中扣除的款项仅限于上述范围，如非因上述原因而导致员工薪酬降低，将极有可能被认定克扣员工工资，此时员工除要求补发工资外，还有权以此为由解除劳动合同并要求支付经济补偿金，高管人员工资标准很高，如被认定克扣工资，企业将支付高额的经济补偿金。

结合笔者承办的劳动争议案件，用人单位实现薪酬升降最科学合理且合法的方式为实行绩效薪酬体系，在保持员工固定部分薪酬不变的情况下，通过绩效考核结果的运用，最大限度激发企业管理效能、激励员工，从而创造企业效益，实现员工薪酬管理。对于高管人员而言，实行绩效薪酬体系才能更加体现公平原则，保证个人能力及工作成果与薪资待遇相匹配，更能达到激励的目的。

（一）绩效薪酬体系的构建原则

由于绩效薪酬体系需结合每个企业经营目标、管理目标，以及对高管人员的要求进行个性化设计，否则将极有可能成为一纸空文，笔者在此仅就薪酬绩效设计的主要原则进行简要阐述。

1. 公平、公正、公开原则

绩效薪酬制度涉及员工切身利益，应严格依照《劳动合同法》第4条的规定进行民主讨论，并向员工告知，全员适用统一的制度，保证公平性（如对于高管人员有特殊要求的，可以在制度中单列适用于高管人员的规定或与高管人员另行定下如《目标任务书》等与制度相关联的文件）。高管人员明确知晓自身的考核标准及考核结果的运用后果，则一方面企业可以达到激励员工的目的，另一方面双方发生争议的概率相对较低，风险较小。

2. 自我考核与上级考核相结合原则

通过计划承担者（即高管人员）自我的评价与上级评价相结合的方式，分析双方对工作计划的认知差异，统一认识，以便于后续的持续改进。

3. 职责考核与计划考核相结合原则

通过计划考核（如月度考核、季度考核、年度考核）与工作职责指标考核相结合的方式，综合考量短期目标与长期目标，以督促过程改进。

4. 定量考核与定性考核相结合原则

坚持定量指标与定性指标相结合的原则，不因为过分侧重哪一类指标而偏废其他类型的指标。

5. 过程考核与结果考核相结合原则

由于不同企业经营目标及业务类型不同，甚至同一企业内高管人员的岗位性质不同，管理侧重点也不同，因此我们认为绩效考核不仅关注结果类指标的达成，同时也关注过程类指标的情况，通过两类指标的结合，全方位提升达成工作目标的能力。

6. 业绩考核与素质考核相结合原则

对于管理人员尤其是企业高管人员，绩效考核不仅关注关键业绩指标的考核，同时也应通过能力素质指标的设置，使其在完成关键业绩指标的前提下，努力提升个人的管理技能和专业素养。

7. 考核结果与薪酬及任用相结合原则

绩效考核结果的广泛应用，使绩效考核在薪酬管理、奖金分配、职务晋升、培训管理等方面真正发挥其导向性的作用，从而实现管理效能的提升，兼顾效率与公平。

对于短时间难以实现建立完善的绩效薪酬体系的企业，可通过与高管人员签订《目标责任书》等考核文件的方式明确考核标准及考核结果运用的相关内容，以达到薪酬管理的目的。

（二）应注意的问题

1. 岗位调整是否必然可以调整薪酬

劳动者工作岗位及劳动报酬均为劳动合同的必备条款，即岗位、薪酬属于两个不同板块，调岗、调薪属于两个变更事项，调岗不当然导致调薪。为实现高管人员岗位调整后薪酬随之调整，建议在劳动合同或劳动合同变更协议中载明“员工的工资、奖金、福利等各项待遇随调整后的岗位标准相应改变”，也即明确约定“薪随岗动”，或者在薪酬制度中载明上述内容，以寻求调整依据。

2. 如何理解“同工同酬”

近期某集团公司根据年度考核结果对外派至下属子公司总经理进行岗位轮换时，哈尔滨子公司总经理提出，岗位调整可以，但是应当参照原哈尔滨子公司的薪酬确定其调整后的薪酬，理由为同为总经理职务，应当同工同酬。应当如何理解同工同酬呢？

根据《劳动合同法》第 11 条“用人单位未在用工的同时订立书面劳动合同，与劳动者约定的劳动报酬不明确的，新招用的劳动者的劳动报酬按照集体合同规定的标准执行；没有集体合同或者集体合同未规定的，实行同工同酬”的规定，员工薪酬标准的确定方式以约定优先，仅在未签劳动合同或集体合同且薪酬约定不明的情况下才适用“同工同酬”。笔者认为同工同酬应符合下述三个条件：（1）劳动者与对标人所处的工作岗位、所从事的工作内容相同；（2）劳动者在相同的工作岗位上付出了与对标人同样的劳动工作量；（3）劳动者和对标人付出了同样的工作量后取得了相同的工作业绩。如仅是岗位名称相同，不当然适用同工同酬的原则。

三、高管人员工作地点的变更

我国劳动法相关法律法规均未就用人单位单方调整劳动者工作地点的相关内容做出规定，有时岗位调整的同时也伴随着工作地点的调整，如企业拟调整高管人员工作地点，应注意参照本章第二节“岗位变更”中“用人单位根据‘生产经营需要’单方调整高管人员的岗位合法性分析”的内容注意调整的合理性。

【典型案例 1】王某与永阳广告公司劳动争议案

2013 年 6 月 1 日，永阳广告公司与王某签订无固定期限劳动合同。合同载明，工作地点：上海；职位：担任经营及业务发展经理一职。工资：年工资总额为2,028,000元（169,000元×12个月，含税）。2013年7月10日，王某签收了永阳广告公司《员工手册》。《员工手册》第二章载明，“1.3薪资调整：员工通常必须在公司工作满十二个月之后方可获得薪资评估，每次薪资评估的间隔期一般为十二个月，公司亦可根据经营状况调整薪资评估的间隔期。根据公司政策，公司高管人员的薪资评估期可能更长。对于员工薪资调整的建议取决于员工的工作表现，而最终是否给予调薪或被批准的调薪数额等还要取决于公司整体的财务状况及市场状况”。2013年9月26日，永阳广告公司向王某发出《岗位及工资调整通知书》，通知书载明：王某作为公司业务部总经理不能胜任工作，公司不能持续盈利，且王某的级别及工资明显与贡献不匹配，也不符合永阳广告的整体经营状况、薪酬制度。期间公司与王某协商薪酬调整，但是双方未能达成一致。鉴于此，公司将于2013年10月1日起将王某的工作岗位调整为业务总监，工资级别调整为税前月工资50,000元。该调整取替公司此前与王某签订的劳动合同有关条款及与工作岗位、工资福利相关的其他变更通知、决定、协议等。双方因此发生争议。

2013年10月30日，王某向上海市静安区劳动人事争议仲裁委员会申请仲裁，要求永阳广告支付2013年10月1日至30日工资差额119,000元。

【法律解析】

本案的焦点在于永阳广告对王某调岗降薪是否合法。本案经仲裁、一审、二审，最终认定永阳广告调岗降薪违法，应支付王某工资差额119,000元。理由如下：（1）永阳广告与王某签订的劳动合同对王某的岗位及薪酬有明确的约定，双方均应依约履行。（2）永阳广告提交的《员工手册》中载明的关于薪资调整内容，并未明确规定永阳广告对员工有单方面降薪的权利，而需根据考核评估结果确定。（3）永阳广告提交的永阳广告与索尼公司签订的营销合同书、与亚胜公司签订的服务协议、审计报告、财务报表等证据，拟证明永阳广告不能持续盈利，处于亏损状态，但王某对其真实性有异议。法院认为，永阳广告如因亏损而决定降低职工薪酬时，根据《劳动合同法》第4条之规定，用人单位在制定、修改或者决定有关劳动报酬等直接涉及劳动者切身利益的规章制度或者重大事项时，应当经职工代表大会或者全体职工讨论，提出方案和意见，与工会或者职工代表平等协商确定。本案中，永阳广告未经法定程序即以公司亏损为由，在未普遍降薪的前提下，只降低王某的薪酬，其理由不能成立。（4）永阳广告提交的公司财务、人事部门对王某的评估，各项评估分值均在60～69之间，对此，王某有异议。法院认为，永阳广告并未提交经过公示或者已告知员工的考核方法与标准，不能证明其考核方法的合理性与考核结果的真实性，且双方合同中并未约定，评估分值为60～69分,即为不能胜任工作。（5）永阳广告提交的永阳广告组织架构及人员、薪资情况表，拟证明王某与永阳广告其他员工薪酬待遇相差悬殊，对此，王某亦有异议。法院认为，王某作为企业高管人员，其对公司发展的贡献与普通员工不具有可比性，永阳广告以此理由对王某降薪，其理由不能成立。

【实操要点】

结合本案案情及法院判决内容，本案是一个较为典型的变更高管人员劳动合同的案例，其中涉及岗位调整、工资调整等内容。本案败诉原因一一印证了本章所列内容，也是企业在变更劳动合同时应注意避开的雷区：

1. 在劳动合同中未区分基础工资及绩效工资，企业不能通过过程考核实现薪酬调整，相当于是固定薪酬；

2. 《员工手册》、劳动合同中未就单位的调岗调薪权进行明确，同时给自身设计了阻碍，如薪资评估期为12个月、薪酬调整要依据公司财务状况及市场状况；

3. 规章制度及与员工权益相关的重大事项未经民主讨论程序，即制度本身不合法；

4. 规章制度（如考核制度）未向员工公示告知；

5. 规章制度或劳动合同中未明确规定可认定员工不能胜任工作的具体情形，即仅规定了考核结果，未规定考核结果是否为不能胜任工作；

6. 公司仅调整王某一人岗位及薪酬与其主张的因亏损降低全员薪酬不符，且调整前后的岗位性质及薪酬相差较大，调岗调薪不具有合理性。

【典型案例2】贾某与某电动工具公司劳动争议案

2010年1月，贾某入职某电动工具公司。2015年12月10日，某电动工具公司（甲方）与贾某（乙方）签订《全日制劳动合同》，主要约定：合同期限为无固定期限；乙方从事西南片区销售主管工作，工作地点位于本公司销售业务范围区域。根据甲方工作需要，经甲、乙双方协商同意，可以变更工作岗位、工作地点；甲方支付给乙方的工资不得低于当地最低工资标准，工资发放日为每月第10个日历日。2017年11月13日，某电动工具公司向其工会委员会发出《撤销部门设置的征求工会意见函》，主要载明：某电动工具公司德国总部指令拟最迟在2018年4月1日前撤销公司用户发展部（贾某所在部门）和工业工具销售部两个部门及全部岗位。两个部门撤销后，公司将成立新的行业用户销售部门，届时两个部门的员工将大部分转移至该新部门，但因新部门业务模式与之前两部门不同，员工在新部门的工作岗位、工作内容等与原岗位相比必将发生变化。届时，公司将根据新部门的岗位设置和员工的实际情况，遵循新部门的薪资结构设定和政策向员工核发和支付薪资待遇，尽量保证员工薪酬不低于原岗位薪酬。就以上撤销公司部门相关事宜征求工会委员会意见。同日，工会委员会回函表示，理解公司基于战略调整和业务发展需要的变革计划，同意公司撤销两个部门及全部岗位，请公司在实施过程中尽可能提供内部其他合适岗位妥善安置员工，多与员工进行沟通协商，切实维护员工的合法利益。2017年11月15日，某电动工具公司作出关于公司组织结构变更的决议，决定建立中国区重点行业用户销售部，负责重点工业终端用户的直接销售业务，撤销原用户发展部和工业工具销售部，变更决定自2018年4月1日起生效。

2018年1月，贾某的月基本工资由11,000元调整为11,440元。

2018年2月28日，某电动工具公司向员工发送关于重点行业用户销售部4个区域主管岗位的内部竞聘通知，载明：凡在公司工作2年以上的员工均可参与应聘，申请时间自2018年3月1日至3月15日，并发布本次内部竞聘的流程、岗位信息、评估方式等。但贾某因个人原因未申请和参加竞聘。其后区域主管岗位均被其他员工竞聘成功并任职。

2018年3月21日，某电动工具公司向贾某邮寄《工作岗位调整通知函》，告知因其所在部门及岗位撤销，且其未参加竞聘，公司为其提供以下两种工作，请贾某选定后在4月2日到公司报到：（1）岗位名称：区域重点行业销售主管；所属部门：行业用户销售部；汇报对象：行业用户销售部西南及西北大区主管；级别：G8（不变）；主要工作地点：成都（维持不变），服从公司因工作需要安排的出差；基本月度工资（税前）：11,440 元（维持不变）；薪资结构：遵循行业用户销售部销售类岗位的薪资结构设定；浮动绩效奖金考核方式：遵循行业用户销售部销售类岗位的绩效考核方式；全年目标浮动绩效奖金：64,369 元（目标金额维持不变，奖金的考评及发放遵循行业用户销售部的奖金考评发放政策）。（2）岗位名称：传统渠道销售主管；所属部门：传统渠道销售部；汇报对象：西南及西北大区销售总经理；级别：G8（不变）；主要工作地点：成都（维持不变），服从公司因工作需要安排的出差；基本月度工资（税前）：11,440 元（维持不变）；薪资结构：遵循传统渠道销售部销售类岗位的薪资结构设定；浮动绩效奖金考核方式：遵循传统渠道销售部销售类岗位的绩效考核方式；全年目标浮动绩效奖金：64,369 元（目标金额维持不变，奖金的考评及发放遵循传统渠道销售部的奖金考评发放政策）。上述两个备选岗位均设置有浮动绩效奖金保护期：因考虑到该岗位与贾某当前岗位所需经验略有差异，公司为其提供 2 个月的工作过渡期的绩效奖金保护，即其自 2018 年 4 月 1 日至 2018 年 5 月 31 日期间所属的月度销售绩效奖金部分将固定给予 80% 的发放，如按实际业绩计算所得超过 80% 绩效奖金的，绩效奖金按实际业绩发放。

2018 年 3 月 26 日，贾某回复某电动工具公司邮件称，已于 3 月 23 日收到《工作岗位调整通知函》，并对其中的岗位问题提出，其就职的原部门用户发展部与即将成立的新部门重点行业用户销售部，其主管岗位在岗位级别和岗位职责上均很相似，现新部门经理岗位人选已通过指定方式产生，新部门主管岗位人选却要通过竞聘产生，贾某对该情况的原因表示不理解，并要求公司说明其不符合新部门主管岗位要求的原因。3 月 27 日，某电动工具公司回复贾某邮件表示，因新部门的经理岗位任命问题涉及对其他员工的评论，与贾某的岗位变换并无直接关系，故不与其就此问题再作邮件渠道的沟通并希望贾某接受通知函上一个其比较偏好的岗位，并按时报到。

2018 年 4 月 2 日，因贾某未按要求的时间报到，某电动工具公司在征求工会意见后向贾某邮寄《解除劳动合同通知》，依据《劳动合同法》第 40 条解除与贾某的劳动合同关系。鉴于双方劳动合同解除，公司将支付给贾某解除劳动合同的经济补偿 141,766 元（税前）、2018 年 4 月基本工资 572 元（税前）、2018 年 3 月销售提成（根据销售部提成实际计算数据发放）、未休完年假折现（根据实际未休完年假折现）。2018 年 4 月 10 日，某电动工具公司支付贾某上述全部款项。

2018 年 4 月 12 日，贾某向成都市劳动人事争议仲裁委员会申请仲裁，要求：确认某电动工具公司违法解除劳动合同，某电动工具公司向贾某支付违法解除劳动合同赔偿金 260,661 元。

【法律解析】

本案经仲裁、一审、二审，结果均为驳回贾某的请求，理由如下：《劳动合同法》第 40 条规定："有下列情形之一的，用人单位提前三十日以书面形式通知劳动者本人或者额外支付劳动者一个月工资后，可以解除劳动合同……（三）劳动合同订立时所依据的客观情况发生重大变化，致使劳动合同无法履行，经用人单位与劳动者协商，未能就变更劳动合同内容达成协议的。"《劳动合同法实施条例》第 19 条规定："有下列情形之一的，依照劳动合同法规定的条件、程序，用人单位可以与劳动者解除固定期限劳动合同、无固定期限劳动合同或者以完成一定工作任务为期限的劳动合同……（十）劳动合同订立时所依据的客观情况发生重大变化，致使劳动合同无法履行，经用人单位与劳动者协商，未能就变更劳动合同内容达成协议的……（十四）其他因劳动合同订立时所依据的客观经济情况发生重大变化，致使劳动合同无法履行的。"以上法律规定均赋予了用人单位可以行使过失辞退的法定情形，其中，"客观情况发生重大变化"一般是指：（1）订立合同时的法律、法规已经修改或者废止；（2）用人单位根据市场变化决定转产、调整生产任务或者生产经营项目，或者通过调整单位内部组织结构的途径转变经营方式，以顺应市场经济的发展要求。故某电动工具公司调整公司组织结构，撤销公司原有两个部门，属于公司自主经营管理权的范畴，能否调整及如何调整应受公司有关法律规范的调整。就本案的事实来看，某电动工具公司作出组织结构调整的决定后，某电动工具公司的相关工作人员一直在与贾某进行协商沟通，明确了贾某的岗位级别、基本工资、全年目标浮动绩效奖金与其原岗位相同，贾某未参与某电动工具公司组织的竞聘上岗，对某电动工具公司提供的备选岗位也未在合理的期限内做出选择，应认定双方未能就变更合同的内容达成协议，某电动工具公司据此解除劳动合同合法，符合法律规定。

【实操要点】

本案是较为典型的一类案例，涉及企业因生产经营发展需调整员工工作岗位的情形，同时也涉及关于“客观情况”发生重大变化的认定。本案给予企业关于岗位调整的启示包括：

1. 尽可能取得调岗的合理前提

本案中公司取消贾某原所在部门是依据德国总部指令执行，虽然也是为了自身发展需要，但从性质认定上一定程度印证了“客观”原因，而非公司主观决定的，调整岗位的前提具有一定合理性。

2. 调岗过程尽量体现公平、民主

本案中，由于部门撤销及岗位调整均涉及员工权益，公司在采取每一步措施前都征求工会的意见，同时保证员工的知情权，设置公平的竞争上岗制度并与员工多次沟通，尊重员工权利。

3. 单方调岗的内容尽可能合理

本案中，公司单方调岗前已多次和贾某沟通，不存在针对之意；调岗通知提供了两个岗位供选择，而不是武断的决定；通知内容详细，包含与贾某权益相关的全部内容，且调整后的岗位与贾某原工作岗位密切相关，不会提高贾某的工作要求，调岗后贾某固定薪酬标准不变，绩效薪酬考核方式不变，且设置了薪酬保护期。

第六章 劳动合同的解除和终止

因劳动合同的解除和终止而引发的争议，历来在劳动争议中占有很大的比重。而基于《最高人民法院关于审理劳动争议案件适用法律若干问题的解释》关于劳动争议案件举证责任分配的规定，在这类案件的处理中，劳动人事争议仲裁委员会、人民法院对用人单位的审查力度、用人单位的应诉难度往往是最大的。如何规范地进行劳动合同解除和终止的操作，有效防范因违法终止、违法解除而引发的法律风险，是每个用人单位应当高度重视的问题。近年来，高管人员与用人单位之间的劳动争议案件频发，而高管人员与普通员工相比，处于管理者的职位，掌握着用人单位的重要资源甚至是核心机密，往往可参与用人单位的决策，一旦在劳动合同解除、终止过程中处理不当，将给用人单位的人员管理、业务运营造成非常不利的影响。

本章将根据《公司法》《劳动合同法》等相关法律法规的规定，并结合司法实践中出现的一些问题，对高管人员的劳动合同解除和终止过程中的常见问题进行阐述。需要说明的是，高管人员同时也属于劳动者，有关协商解除等内容同样适用于劳动者，但考虑到本书的主题要求，笔者在本章中仅阐述高管人员劳动合同解除和终止中的特殊性问题，对共性的问题将不再赘述。

此外，在司法实践中，出现了各种法律没有明文规定的情形，各地甚至同一地方不同区县的劳动人事争议仲裁委员会、人民法院掌握的观点、裁判尺度也有差异，本章中的部分观点仅代表部分地区、部分案例的观点，或者笔者本人的观点，在遇到此类问题时还需具体问题具体分析。

第一节
劳动合同解除和终止概述

一、劳动合同解除和终止的概念及情形

（一）劳动合同解除

劳动合同的解除指在劳动合同期限内，因为劳资双方或一方的意思表示，通过一定的法律行为而提前结束劳资双方的劳动合同关系。《劳动合同法》用第 36 ~41 条对劳动合同解除的情形进行了规定。根据这些条款的内容，在学理上依据不同的标准对劳动合同解除的情形进行了不同分类，例如：从劳资双方的意思表示上，可以分为劳资双方协商一致解除和单方解除（包括劳动者辞职和用人单位单方解除劳动合同）、意定解除和法定解除；从劳动合同解除的过错性上，可以分为过错解除（如用人单位因劳动者严重违纪而解除劳动合同）和无过错解除（如劳资双方协商一致解除、用人单位因客观情况发生重大变化而解除）。

（二）劳动合同终止

劳动合同的终止指因劳动合同期限届满、劳资双方约定的权利义务已经履行完毕，或法定的事由出现使劳动合同无法继续履行，从而导致的劳资双方劳动合同权利义务的自然结束。引起劳动合同终止的情形，主要是《劳动合同法》第 44 条的规定：（1）劳动合同期满的；（2）劳动者开始依法享受基本养老保险待遇的；（3）劳动者死亡，或者被人民法院宣告死亡或者宣告失踪的；（4）用人单位被依法宣告破产的；（5）用人单位被吊销营业执照、责令关闭、撤销或者用人单位决定提前解散的；（6）法律、行政法规规定的其他情形。

二、劳动合同解除和终止的区别

实践中，很多用人单位往往混淆劳动合同解除和终止的概念，或者将二者混为一谈，进而在离职文件的签署、经济补偿的计算等方面产生了差错。事实上，在劳动法律体系中，劳动合同的解除和终止是不同的两个概念，二者在发生的时间、发生的前提、需要履行的程序、产生的法律后果等方面，均有着很大的差异。

（一）发生的时间不同

劳动合同的解除发生在劳动合同期限内，此时劳动合同约定的双方的权利义务尚未履行完毕，是劳动合同权利义务的非正常结束；劳动合同的终止发生在劳动合同期限届满、劳动合同约定的权利义务履行完毕时，或者法定的事由出现导致劳动合同无法继续履行时。

（二）发生的前提不同

根据《劳动合同法》第 36～41 条的规定，劳动合同解除的前提是在一定的情形出现（如用人单位存在违法用工的情形，或劳动者存在严重违纪、严重失职等行为）时，基于劳动者和用人单位一方或双方的意志，通过劳资双方或者一方的行为而解除，解除与否取决于劳资双方或单方的意志。而根据《劳动合同法》第 44 条的规定，劳动合同终止发生的前提是基于合同的自然到期，或者法定的事由出现，这些前提往往不取决于劳资双方或一方的意志。

（三）用人单位需要履行的程序义务不同

根据《劳动合同法》第 43 条等条款的规定，用人单位在单方解除劳动合同前需要履行通知工会的程序，而劳动合同的终止则不存在这项程序要求。用人单位解除劳动合同在程序上的义务要重于终止劳动合同。

（四）产生的法律后果不同

《劳动合同法》第 46 条、第 47 条对各类劳动合同解除和终止情形下是否需要支付经济补偿以及如何支付作了详细的规定，从这些规定可以看出，各类劳动合同解除和终止情形下对经济补偿的规定是不同的（此处将在本章经济补偿部分详述）；同时，根据《社会保险法》等法律法规的规定，各类劳动合同终止及解除情形下劳动者能否享受失业保险待遇也是不一样的。

三、劳动合同解除和终止的法定性

在展开下文内容的阐述之前，必须强调的一点是劳动合同解除和终止的法定性，即只有在具备《劳动合同法》规定的情形时，用人单位或劳动者才可以解除或终止劳动合同。除这些法定的情形外，用人单位或劳动者均不得创设劳动合同解除、终止的情形，否则，将构成违法解除、终止，或无法达到劳动合同解除、终止的效力。例如，常有用人单位规定“绩效考核经董事会考核不合格的，用人单位有权解除劳动合同”“连续三天不到公司工作的视为自动离职”。但对于绩效考核不合格的员工，根据《劳动合同法》第40条的规定，只有被认定为不胜任工作，且经过培训或者调岗后仍不能胜任工作的，用人单位才可以解除合同；对于劳动者辞职，应当履行通知义务，不存在“自动离职”一说。这些规定突破了法律规定的劳动合同解除的情形，显然是不符合法律规定的。

第二节
高管人员劳动合同解除和终止的法律适用

高管人员劳动合同的解除和终止是适用《劳动法》《劳动合同法》的规定，还是适用《公司法》的规定，或者在二者的适用上谁优先的问题，一直是高管人员劳动合同解除和终止纠纷中常见的问题，这也是处理高管人员劳动合同解除和终止案件时首先需要解决的问题。我们从一则经典案例说起。

【典型案例】

2013 年 11 月 19 日，上海某公司与王某签订自 2014 年 1 月 1 日起的无固定期限劳动合同，约定上海某公司聘用王某担任总经理；王某具有严重违反规章制度或者严重失职，营私舞弊，对上海某公司造成重大损害的情形时，上海某公司可以随时解除劳动合同。2013 年 11 月 20 日，上海某公司收到中国证券监督管理委员会上海监管局沪证监（2013）49 号《责令改正的决定》，普华永道中天会计师事务所接受上海某公司的委托审计了该公司 2013 年 12 月 31 日的财务报告内部控制的有效性，于 2014 年 3 月 11 日出具否定意见的《内部控制审计报告》，认为上海某公司财务报告内部控制存在关联交易管理中缺少主动识别、获取及确认关联方信息的机制等三项重大缺陷。2014 年 5 月 12 日，上海某公司召开董事会，认为王某在此次事件中负有不可推卸的责任，审议并通过关于解除王某总经理职务及提请股东大会解除王某董事职务的议案。5 月 13 日，上海某公司向王某送达《员工违纪处理通知书》，决定自 2014 年 5 月 13 日 15 时起辞退王某，王某将不再是上海某公司员工，不再承担总经理职务。

王某对公司决定不服，申请仲裁，提出了恢复劳动关系等请求，仲裁裁决支持了王某恢复劳动关系等请求，公司不服，提起诉讼。

【法律解析】

在该案审理过程中，法院认为，本案审理需要解决的问题是：总经理等高管人员与所服务公司间发生争议是否适用劳动法律法规？公司董事会依据《公司法》及公司章程可对高管人员行使解聘权的规定与公司依照劳动法行使解雇权需受法定条件限制的规定是否存在冲突？

公司法与劳动法是调整不同领域社会关系的法律规范。公司法的调整对象主要是在公司设立、组织、运营或解散过程中所发生的社会关系，具体包括公司内部财产关系、公司外部财产关系、公司内部组织管理与协作关系、公司外部组织管理关系等。这些规定体现的是企业内部的组织管理关系，规定的是公司及高管人员基于公司法而享有的相应权利义务。而劳动法调整的是劳动者与用人单位之间在实现劳动过程中发生的社会关系（通常所称的劳动关系）及与劳动关系密切联系的其他社会关系，如社会保险方面的关系、工会组织与用人单位之间发生的关系、处理劳动争议方面的关系、监督劳动法执行方面的关系等。劳动法是劳动者保护与劳动监管的统一，体现了公法与私法的混合性。对于签订劳动合同的高管人员而言，其受雇于公司，按公司董事会决议的要求开展生产经营，双方建立劳动关系的意思表示明确。而从目前的劳动立法现状来看，我国亦尚未建立独立于劳动关系之外的委任制职业经理人制度，也无明确规定将高管人员排除在劳动法适用范围之外。反而，《劳动合同法》关于竞业限制条款规定中适用人群的界定中还明确，竞业限制的人员限于用人单位的高管人员、高级技术人员和其他负有保密义务的人员。显然，高管人员目前仍属我国《劳动合同法》调整对象，对其行使解雇权应当符合《劳动合同法》的规定。对于建立劳动关系后被董事会聘任的高管人员而言，其作为公司员工，相关的劳动权利受劳动法保护。对于已与公司建立劳动关系的高管人员而言，董事会通过决议解除其职务应视为是对其岗位进行变更，并不必然导致劳动关系的解除。董事会决议是否有效应根据公司法的规定进行审查，公司基于劳动法享有的解雇权与其基于公司法享有的对高管人员的解聘权虽有牵连，但并不冲突。本案中，董事会作出聘任王某为总经理及以后撤销其总经理职务的决议均是对其岗位作出的变更，并不必然导致劳动关系的解除。上海某公司认为基于董事会撤销王某总经理职务的决议即可与其解除劳动合同依据不足。

【实操要点】

在高管人员劳动合同解除和终止的法律适用问题上，主要存在两种不同的观点：第一种观点认为，从公司法层面对公司高管人员解除聘用的，双方的劳动合同关系自然相应解除。因此，解聘此类高管人员只要符合《公司法》和公司章程的规定，就不存在违法解除劳动合同问题。第二种观点认为，董事会解除的只是公司高管人员的职务，其劳动合同不能相应解除，如果公司高管人员被解聘后，用人单位直接单方解除双方的劳动合同，不符合合法解除劳动合同的情形，用人单位就构成了违法解除劳动合同。

在这个问题上，本案的法官显然认同第二种观点，并对此作了很深入、透彻的分析。笔者对该案法官的观点甚为赞同。现代公司制度使公司所有权与经营权相分离，其中经营权交由专业的高管人员行使，这使高管人员成为公司中具有双重身份的特殊人群，他们在职务上受聘于董事会，成为公司的管理者、领导者；同时，他们代表公司行使经营管理权的过程也是为公司提供劳动的过程，在雇佣关系上受聘于公司，与公司签订劳动合同，同时又是受雇者。这些人员的聘任、资格、职责和义务等，受《公司法》的规制，《公司法》第46条、第49条、第146～152条等多个条文对高管人员的聘任、资格、义务等作了明确的规定，这是从公司组织架构设计、内部经营管理方面作的要求。而同时，我国《劳动法》《劳动合同法》并未对劳动者进行分层管理，高管人员受雇于用人单位，为用人单位提供劳动，获取报酬，其与用人单位之间聘用关系的履行完全符合劳动法有关劳动关系的特征，即便是高管人员在用人单位的职级体系中处于很高的地位、在用人单位的运营管理中拥有很大的权限甚至主导用人单位的全面运营管理、在薪资体系中处于顶层的位置，这种特殊性也并不能否定其劳动者的群体属性和地位。尤其是《劳动合同法》关于竞业限制条款的规定中明确竞业限制的人员范围限于用人单位的高管人员、高级技术人员和其他负有保密义务的人员，从这个角度而言，即使是高管人员，其劳动关系的调整也应当适用劳动法的规定。因此，在高管人员劳动合同解除和终止这个问题上，由于高管人员在身份上的双重属性，公司法和劳动法的适用并不冲突，二者也不存在孰先孰后的问题，只是所调整的事项、内容不同而已。

第三节
高管人员劳动合同解除和终止中的常见问题及律师分析

有关劳动合同解除和终止的情形，《劳动合同法》规定了很多，且每一种解除、终止情形都应当具备一定的条件、履行规定的程序。笔者在此仅挑选其中几个在高管人员劳动合同解除和终止中较为频发的情形，结合高管人员离职案件的特点和争议性的问题加以阐述。

一、关于劳资双方约定的脱密期的效力

《原劳动部关于企业职工流动若干问题的通知》第 2 条规定，“用人单位与掌握商业秘密的职工在劳动合同中约定保守商业秘密有关事项时，可以约定在劳动合同终止前或该职工提出解除劳动合同后的一定时间内（不超过六个月)，调整其工作岗位，变更劳动合同中相关内容”，此即为脱密期的规定。一些地方性的规定中也有关于脱密期的规定，例如，2002 年颁布实施的《北京市劳动合同规定》第 18 条规定：“用人单位在与按照岗位要求需要保守用人单位商业秘密的劳动者订立劳动合同时，可以协商约定解除劳动合同的提前通知期。提前通知期最长不得超过 6 个月，在此期间，用人单位可以采取相应的脱密措施。”《上海市劳动合同条例》《江苏省劳动合同条例》均作出了类似的规定。但是，在 2008 年 1 月 1 日实施的《劳动合同法》中，并没有关于脱密期的规定，只是在第 37 条规定，“劳动者提前三十日以书面形式通知用人单位，可以解除劳动合同。劳动者在试用期内提前三日通知用人单位，可以解除劳动合同”，这意味着劳动者只要提前法定的时间通知用人单位，无论用人单位是否同意，提前通知期满即会产生劳动合同解除的效果，此即劳动者的辞职自由权。而高管人员往往掌握着用人单位的商业秘密，一旦离职，很可能造成用人单位商业秘密的泄露，从而给用人单位带来不可弥补的损害。那么，高管人员提出辞职时，是否仍然可以进行脱密期的约定呢？这也是个一直争论不休的话题。我们通过两个结果不同的案例来论述。

【典型案例】劳动合同约定脱密期的处理

案例一：

2011 年 9 月 26 日，易观公司与段某签订了期限至 2014 年 9 月 25 日的《劳动合同》，并签署了《保密及竞业限制协议》，约定：乙方提出辞职，应提前 6 个月通知甲方，该期限为脱密期。2013 年 12 月 23 日，段某通过公司 OA 平台提出辞职申请。公司在离职审核期间发现段某违反《保密及竞业限制协议》，要求其到公司说明情况，但段某一直拒绝到公司，其辞职申请未通过。段某违约在先，易观公司起诉至法院，请求判令不向段某出具离职证明书。

案例二：

2009年4月28日，熊某与某公司签订了一份期限自2009年5月1日至2014年12月31日的《劳动合同》，约定某公司安排熊某在研发制造部门，从事的工作岗位是总裁技术助理。同时，双方另签订一份《员工保密协议》，双方就保密范围、保密义务、保密期限、违反保密义务的赔偿责任、离职交接、知识产权、竞业限制、争议解决及适用法律等条款作了约定，其中《员工保密协议》第7条竞业限制第4款约定，“……甲（某公司）、乙（熊某）双方未在上述竞业限制条款中约定经济补偿和违约金，乙方如拟解除劳动合同必须提前六个月书面通知甲方，以便甲方采取相应的脱密措施，否则乙方应承担由此引起的所有后果”。2011年4月6日，熊某书面提出离职，4月25日熊某也已完成了相关工作移交，但某公司却不给熊某出具退工单，故熊某经过仲裁、一审，要求某公司出具退工单，并赔偿自2011年5月至出具退工单之日的工资。

【法律解析】

上述两个案例均涉及劳资双方约定的脱密期问题，但两案的法官却持截然不同的观点。

案例一中法官认为：劳动者提前30日以书面形式通知用人单位，可以解除劳动合同。用人单位应当在解除或者终止劳动合同时出具解除或者终止劳动合同的证明。易观公司上诉提出段某未按照劳动合同约定提前6个月书面通知易观公司辞职，易观公司不同意为其出具离职证明的主张并无依据，本院不予支持。

而案例二中法官认为：劳动合同当事人可以单独签订保密协议，对负有保守用人单位商业秘密义务的劳动者，劳动合同当事人可以就劳动者要求解除劳动合同的提前通知期在劳动合同或者保密协议中作出约定，提前通知期不得超过6个月。在此期间，用人单位可以采取相应的脱密措施。熊某作为某公司研发制造部门的总裁技术助理，对于某公司项目技术和管理都有掌握，某公司根据熊某岗位及职务的重要性与熊某签订了《员工保密协议》，双方在保密协议中未就竞业限制条款约定经济补偿和违约金，而明确约定劳动者解除劳动合同必须提前6个月书面通知用人单位，以便用人单位采取相应的脱密措施，于法不悖。

【实操要点】

在有关脱密期的问题上，笔者认为，应当结合劳动者的身份、是否接触用人单位的商业秘密等因素，进行综合的判断，而不能一概而论。

首先，《劳动合同法》规定劳动者提前30天提出书面辞职申请，可以解除劳动合同，但并未禁止劳资双方通过协议的方式来对脱密期进行约定。在不违反上位法规定的前提下，行政法规、地方性法规有权对法律未明确的事项进行规定。《劳动法》系1995年生效的法律，其中并未对脱密期加以规定，而《原劳动部关于企业职工流动若干问题的通知》系1996年实施的规范性文件，仍然是依法有效的。《江苏省劳动合同条例》等地方性规定中关于脱密期的规定并不因《劳动合同法》中没有此类规定而自然无效。

其次，高管人员往往接触企业的核心机密，其离职往往会给企业带来不可估量的影响。而其在与用人单位协商签署有关脱密期的约定时，较之于普通劳动者而言，也往往处于相对平等的谈判地位，对于脱密期可能对其带来的影响有能力做出充分的判断。因此，签署脱密期的约定属于劳资双方的一致意思表示，除非存在欺诈、胁迫、乘人之危等违背劳动者真实意思表示的情形，应当遵从意思自治原则。

最后，高管人员在再就业能力、收入水平等各方面，均不同于一般的劳动者，对用人单位的商业秘密负有与普通员工相比更高的保密要求，也是用人单位向其支付高额劳动报酬所考虑的对价之一，脱密期的约定具有合理性。

当然，鉴于该问题没有一个统一的结论，各地在脱密期问题上的司法尺度存在一定的差异性，建议用人单位在与劳动者签署有关脱密期的约定时，为了保证脱密期的约定能够得到审判机关的支持：（1）仔细查询地方性的政策和司法判例，尽量取得政策依据；（2）严格控制签署脱密期约定的人员范畴，仅限于掌握用人单位商业秘密的人员，不得滥用脱密期；（3）合理确定脱密期期限，结合员工掌握、接触的商业秘密价值合理确定，避免恶意侵害劳动者权益。此外，脱密期只是用人单位采取脱密措施的期限，在脱密期内，劳资双方之间仍然存在劳动关系，用人单位仍然应当向其支付劳动报酬、履行用人单位的义务。因此，在约定脱密期时，建议劳资双方同时对脱密期内的工作内容、工作要求、劳动报酬等进行明确的约定，以免发生争议。

二、关于高管人员辞职的对象及内容

《劳动合同法》第 37 条规定："劳动者提前三十日以书面形式通知用人单位，可以解除劳动合同。劳动者在试用期内提前三日通知用人单位，可以解除劳动合同。"根据该条规定，劳动者辞职，提前一定的期限通知用人单位即可。如前文所述，高管人员具有身份上的双重性，其劳动合同的解除和终止应当同时适用公司法和劳动法的规定。那么，高管人员提出辞职时，如何理解此处的"用人单位"呢？上海市浦东新区劳动人事仲裁院曾经处理过一起因高管人员辞职而引发的案例。

【典型案例】

张某于 2011 年 11 月 1 日应聘入职某公司，担任财务总监一职。2016 年 8 月，公司董事会选举张某为公司总经理，负责组建公司内部新的高管人员团队，解决公司生产许可证变更等诸多经营问题。2016 年 11 月 18 日，张某向公司董事会提出辞去公司总经理职务的申请，在该申请表中张某没有任何解除劳动关系的文字和意思表达。2016 年 12 月 5 日，公司董事长告知张某董事会同意其辞去公司总经理职务的申请，作为普通员工继续服务于公司，并就接下来具体岗位安排征询张某意见，并建议张某先休年假，回来后再做岗位安排。张某在辞去职务后仍在公司正常上班，期间一直在为公司做生产许可证变更的相关筹备工作，之后应董事长要求休假至 12 月底。2017 年 1 月 10 日，公司人事部口头告知张某，其在公司的工作时间至 2016 年 12 月 18 日已经结束。2017 年 1 月 13 日，公司为张某办理了解除时间为 2016 年 12 月 18 日的退工手续。张某认为公司的行为属于单方违法解除，故申请劳动仲裁，要求公司支付其违法解除劳动合同赔偿金。

【法律解析】

仲裁委员会审理后认为，公司以张某已辞去相关职务并获董事会同意为由，认定是劳动者主动辞职的理由不成立，遂裁决公司应当支付张某违法解除劳动合同的赔偿金。

本案争议的焦点是张某向董事会提出的“辞去公司总经理职务的申请”是否构成劳动法上的辞职，即高管人员职务的解除是否等同于劳动关系的解除。

笔者认为，高管人员职务的解除并不必然产生劳动关系解除的结果，职务的解除与劳动关系的解除并不必然挂钩。高管人员职务的任免，是基于公司与高管人员之间的相互信任关系，由公司通过法律及公司章程规定的程序来进行；而劳动关系的解除，必须基于《劳动合同法》规定的情形，履行劳动法规定的程序。高管人员具备管理职务和劳动者的双重属性，员工不再担任公司的高管人员后，仍然有可能继续为公司提供劳动，比如本案中，张某在解除了高管人员职务后，仍然在继续为公司服务，获取报酬。因此，张某在向董事会提出辞去高管人员职务的申请中，如果未提及与公司解除劳动关系，那么，其只是辞去了一种身份，其作为劳动者的身份仍然存在。用人单位如果要与其解除劳动合同，应当按照《劳动合同法》的规定来操作。

【实操要点】

通过这个案例，需要提醒劳资双方注意的是，在高管人员提出辞职时，首先需要明确辞去的是哪种身份。如果辞去的仅仅是高管人员的职务，则应当向董事会提出，由董事会决定；如果同时辞去与公司之间的劳动关系，则应当按照公司规定的离职流程，向公司相关部门（如人力资源部）提出，并明确解除劳动关系的意思。在明确辞职的内容后，在相应的辞职文件上应当予以明确。对于用人单位而言，在接到高管人员的辞职申请时，应当注意审核辞职文件的内容，与高管人员确定辞去的是何种身份，从而妥善地处理劳动关系，避免因误解而发生争议。

三、关于董事会解聘高管人员职务是否必然导致劳动合同解除

关于这个问题，仍然以上文提到的上海某公司与王某之间的劳动纠纷为例。在该案中，法院在审查上海某公司与王某解除劳动合同的决定的合法性时，严格按照公司出具的《员工违纪处理通知书》中载明的理由，对违纪事实、处罚依据等依据劳动法的规定进行了严格的审查，并认为：解除劳动合

同是从根本上消灭劳动关系，用人单位作出此项决定，应当慎重。根据相关司法解释的规定，用人单位作出解除劳动合同决定的，用人单位应对违纪事实、适用法律及处理程序合法承担举证责任。依据该审查要求，法院最终认定上海某公司以王某严重失职、严重违反规章制度为由作出解除劳动合同决定缺乏依据，进而认定系解除违法。

从本案的处理思路可以看出，虽然上海某公司的董事会审议并通过了关于解除王某总经理职务及提请股东大会解除王某董事职务的议案，但法院在审查用人单位解除决定的合法性时，并未以此作为审查的依据，而是仍然紧扣违纪解除、失职解除的审查要件。

笔者认为，如前文所述，高管人员具有身份上的双重性。对于与公司建立劳动关系、被董事会聘任的高管人员而言，其任免由董事会决定，这是公司法赋予董事会的权利，是公司行使企业经营自主权的体现；但其作为公司员工、作为劳动者，相关的劳动权利同时受劳动法保护。对于已与公司建立劳动关系的高管人员而言，董事会通过决议解除其职务仅仅是对其职务的调整，是职务关系的解除，并不必然导致劳动关系的解除。公司基于劳动法享有的解雇权的行使，应当严格遵循劳动法关于用人单位单方解除劳动合同的要件要求，具备法定的条件、履行法定的程序，否则将构成劳动法上的违法解除，进而承担劳动法上的后果。

四、关于董事会的免职决议能否构成“客观情况发生重大变化”

在常见的劳动合同解除情形中，除严重违纪、严重失职等之外，还有一种是《劳动合同法》第 40 条第 3 项规定的客观情况发生重大变化解除，即劳动合同订立时所依据的客观情况发生重大变化，致使劳动合同无法履行，经用人单位与劳动者协商，未能就变更劳动合同内容达成协议的，用人单位经提前 1 个月书面通知劳动者或者额外支付 1 个月工资后，可以解除劳动合同。根据《公司法》的规定，高管人员由董事会决定聘用，实践中，很多高管人员特别是“空降”的高管人员也都是在董事会决定聘任后，由公司签署劳动合同。而基于公司经营自主权的体现，董事会很可能会基于公司经营管理的需要，对高管人员进行调整，一旦董事会作出了免职的决议，很多高管人员继续受雇于企业的基础即不存在，如没有合适的岗位可以安排。那么，此种情形下，用人单位是否能将董事会的聘用决定作为劳动合同订立时所依据的客观情况，进而以客观情况发生重大变化为由与劳动者协商变更劳动合同，并在协商未能达成一致时解除劳动合同呢？

天津市滨海新区人民法院曾经处理过一起劳动争议案件。本案中，某意大利籍劳动者系某公司总经理，双方订有劳动合同。公司因经营业绩不佳，经股东会决议，引入第三方投资者以盘活公司。因新投资者的加入，公司于2013年3月22日经董事会决议免去了该员工的总经理职务，并通知该员工于2013年6月27日之前到公司商谈新的职务和工作安排。2013年6月27日，双方就员工工作岗位的变动进行协商，公司拟邀请员工担任国际合作部部长一职，主要负责中国区域以外的销售、采购、咨询服务等工作，员工对此安排并不同意。后双方因解除劳动合同经济补偿等发生争议。

法院审理后认为，劳动合同订立时所依据的客观情况发生重大变化，致使劳动合同无法履行，经用人单位与劳动者协商，未能就变更劳动合同内容达成协议，此时用人单位提出解除劳动合同的，应当支付经济补偿。本案中，原告公司经董事会决议免除被告的总经理职务，后双方就将被告职务变更为国际合作部部长进行协商未果，被告自2013年7月后既未接受原告公司的工作安排，也未再到原告公司工作，原告亦停止支付被告工资，应视为双方未就变更劳动合同内容达成协议的情况下，用人单位提出解除劳动合同，因此原告应支付被告经济补偿。

此外，上海市静安区人民法院审理过一个案件，仲裁委员会认为用人单位的解除决定系违法解除，但一审法院却认为董事会决议撤销边某公司副总经理岗位，属于劳动合同订立时所依据的客观情况发生重大变化，致使劳动合同无法履行，从而支持了用人单位的解除决定。

关于何为劳动合同订立时所依据的“客观情况”，《原劳动部关于〈中华人民共和国劳动法〉若干条文的说明》中将其界定为“发生不可抗力或出现致使劳动合同全部或部分条款无法履行的其他情况，如企业迁移、被兼并、企业资产转移等，并且排除本法第27条所列的客观情况”。所排除的《劳动法》第 27 条所列的客观情况指用人单位濒临破产进行法定整顿期间或者生产经营状况发生严重困难。而随着社会的发展和经济活动的活跃，该文件所列举的“客观情况”显然已不能满足用人单位实际经营管理的需要，实践中也出现了其他各种各样的客观情况，如公司组织架构调整、公司部门或产品线的撤销等，但是否构成《劳动合同法》第 40 条第 3 项所称的客观情况，往往由仲裁员、法官结合案件的具体情况加以认定。对于高管人员而言，董事会的免职决定是否构成劳动合同订立时所依据的客观情况发生重大变化，一直存在争议。部分司法机关认为，通过董事会决议撤销高管人员的职务属于用人单位根据主观意愿作出的决定，并非“客观情况发生重大变化”，如认定企业解雇合法，则无疑赋予企业解除高管人员劳动关系过高的自由权，不利于保障高管人员作为劳动者的合法权益。笔者认为，高管人员因其身份的特殊性，其劳动合同的管理应当综合考虑公司的经营自主权和劳动法所赋予劳动者的劳动权益，有效平衡二者之间的利益。公司与高管人员之间的聘任关系是建立在信赖基础之上的，既然公司法赋予了董事会对高管人员的任免权，那么董事会的任免只要符合《公司法》和公司章程规定的要求，原则上应当作为用人单位与劳动者就所担任的高管人员岗位建立、变更劳动关系的前提，可以认定为“客观情况”。因为一旦高管人员不符合公司章程的要求，未尽忠实、勤勉义务时，公司对其已有的信赖可能不复存在，由此建立的聘任关系也难有继续维持的基础及动力。但该客观情况是否为劳动合同订立时所依据的，且达到了导致劳动合同无法履行的程度，则需要结合案件的具体情况加以分析，从而避免用人单位滥用经营自主权，侵害劳动者的合法权益。

五、关于用人单位解聘高管人员职务后的岗位薪资调整

根据前文的分析，高管人员在被董事会免除高级管理职务后，其与用人单位之间的劳动关系并不必然解除或终止，很多用人单位往往因为不具备单方解除、终止劳动合同的情形，而使其与员工之间的劳动关系处于一个没有职务的尴尬状态。那么，此种情形下，劳动者的岗位和薪资应当如何安排为宜呢?

关于这个问题，笔者进行检索后发现，法院对该问题的观点多种多样。例如，在钱某与嘉洁公司追索劳动报酬案中，嘉洁公司在钱某被免除总经理职务后，将其调入技术部担任技术主管一职，并按新岗位发放工资。该案法官认为，享有劳动者身份的高管人员是介于雇主与雇员之间的特殊群体，其与公司的劳动关系具有与一般劳动者不同的特征。因此，公司高管人员与单位之间的劳动关系之法律适用，既应考虑适用《劳动合同法》，还要考虑适用《公司法》对高级雇员劳动关系的特别规定。钱某为嘉洁公司的股东，同时为嘉洁公司的总经理，也签订了劳动合同，具备股东、高管人员及劳动者的多重身份，因此在处理双方争议时首先应当选择《公司法》的相应规定。嘉洁公司根据该董事会决议免除钱某总经理的职务后，双方签订的劳动合同已经无履行的可能，嘉洁公司安排钱某至技术部担任技术主管工作，相应的劳动报酬按照新岗位确定，并无不妥。而在王某与慧博管理公司劳动争议案中，慧博管理公司在免除王某总经理职务后，安排王某待岗并向其支付待岗工资（先按每月5000元发放，后调整为每月2000元）。该案法官认为，企业针对劳动者作出的任免决定系用人单位内部对其管理人员的任免事项，该决定涉及的是劳动者所任职务的变动，并未解除或终止劳动关系。慧博公司在未与王某协商一致的情况下降低王某的工资待遇，事实及法律依据不足，应支付王某工资差额。在三元公司诉郭某追索劳动报酬纠纷案中，三元公司在2013年6月18日免去郭某总经理职务后，决定减半发放郭某薪资。该案法官认为，变更薪资必须与劳动者进行协商，不能以用人单位的单方决定代替双方的协商。因此，无论三元公司是否于2013年6月即在事实上免去了郭某总经理的职务，都不必然带来薪资减半的后果。三元公司仅以免去郭某总经理职务为由减半发放郭某2013年6月1日至2014年2月14日期间的工资，依据不足，郭某有权要求予以补足。

如果说上述几起案例，用人单位在调整工作岗位、劳动报酬的做法，与劳动者的沟通方式等方面存在合理性等方面的差异，从而导致判决结果出现较大的差异的话，中汇公司与袁某劳动合同纠纷一案中，对于同一个案件的看法，一审法院上海市宝山区人民法院和二审法院上海市第二中级人民法院之间也出现了截然不同的观点。一审法院认为，“在袁某不具有高管人员身份之后，中汇公司的确也可以基于其人事管理权变更袁某的工作岗位，但此属对原劳动合同内容的重大变更，依法应符合劳动法及相关法律法规规定和双方的约定。根据《劳动法》及《劳动合同法》的规定，订立和变更劳动合同，应当遵循平等自愿、协商一致的原则，不得违反法律、行政法规的规定。根据双方在劳动合同中的约定，双方在不损害国家、集体和他人利益的情况下，以及劳动合同订立时所依据的客观情况发生了重大变化，经协商一致可以变更原合同。故中汇公司应就更换袁某劳动岗位事宜与袁某进行协商”。但二审法院认为，“董事会决议解除袁某总经理职务，必然会导致劳动合同约定袁某为总经理岗位的变更。一旦袁某职务被解聘，其面临中汇公司重新对其工作安排。用人单位与劳动者就岗位变更进行磋商时，双方都可以提出具体工作岗位的要求，中汇公司在袁某未提出岗位要求的情况下，首先以书面通知形式告知袁某新的岗位为担保业务专员，并规定袁某在指定时间到中汇公司报到，表明中汇公司作为用人单位履行了安排员工工作的义务，已就新岗位安排通知袁某上班工作，该行为本身就是向对方进行工作安排的磋商形式，袁某如果不同意该岗位安排完全可以向中汇公司提出合理要求，并与中汇公司进一步沟通，且中汇公司根据袁某不能继续担任总经理这一事实，安排袁某从事其他工作是正当合理的”。

通过对上述案例的梳理，并结合笔者接触的大量劳动争议案件，笔者认为，在高管人员被免除高管人员职务之后，其已丧失了履行高管人员职责的前提，此种情况下，用人单位应当有权对其工作重新作出安排，但这种安排应当具备合理性，所安排的职位、薪资待遇应当符合该劳动者的资质、能力，符合公司的经营管理状况，符合公司的岗位职级体系和薪资体系，不得恶意损害劳动者的名誉、利益。且用人单位在作此种安排时，应当尽量与劳动者进行充分的沟通，因为根据《劳动合同法》的规定，除非用人单位基于法定的原因单方调整劳动者的工作岗位（如因劳动者被证明不胜任工作，用人单位单方调整其工作岗位），变更劳动合同应当经劳资双方协商一致。如果劳资双方无法就变更劳动合同协商一致，用人单位还可以依据《劳动合同法》第 40 条第 3 项的规定，依法与劳动者解除劳动合同。

六、关于用人单位与高管人员解除劳动合同的决策程序审查

有关高管人员的双重身份，本章已经做了很多的阐述。基于这种双重身份，高管人员的离职往往涉及两个身份的解除问题：职务聘任关系的解除和劳动关系的解除。在劳动关系的解除上，前文已经做了阐述，即职务聘任关系的解除并不必然导致劳动合同的解除，仲裁委员会、人民法院在审理用人单位解除决定的合法性时，依然会按照《劳动合同法》等法律法规的规定，对各类解除行为的要件进行分析。那么，在处理该类案件时，是否需要对董事会做出的免职决议，以及该决议所依据的事实进行审查呢？

在最高人民法院2012年9月18日发布的第三批指导案例中，10号案例“李建军诉上海佳动力环保科技有限公司决议撤销纠纷案”的裁判要点认为，人民法院在审理公司决议撤销纠纷案件中应当审查：会议召集程序、表决方式是否违反法律、行政法规或者公司章程，以及决议内容是否违反公司章程。在未违反上述规定的前提下，解聘总经理职务的决议所依据的事实是否属实，理由是否成立，不属于司法审查范围。笔者认同该观点。在司法实践中，法院在审理高管人员离职的案件中，也往往只审查公司董事会是否做出了免职的决议，以及董事会决议做出的程序和内容合法性，对该决议所依据的事实不作审查。

七、高管人员离职时的离职审计

高管人员的离职审计是指高管人员离职时，用人单位对其任职期间履职情况所进行的审查、鉴证和总体评价活动，主要涉及经济责任、管理责任及履职过程中的合法合规情况等几个方面。高管人员的离职审计在实践中是很常见的情形，由于高管人员深入参与企业的经营管理，掌握企业的商业秘密，其离职时需要交接、核实的事项较多，进行离职审计有助于企业厘清各项工作和高管人员履行职责的情况，明晰高管人员对于企业经营过程中的损失、事故等的责任。但离职审计通常时间较长，若经审计发现离职人员在担任高

管人员的过程中存在失职、违纪甚至违法的情况，需要的调查时间可能更长，因此企业常常被高管人员离职手续的办理与离任审计的衔接问题所困扰。此种情形下，用人单位能否以离职审计未完成为由，限制高管人员离职，或拖延为其办理离职手续的时间？

笔者在执业过程中曾遇到过多起用人单位以“未完成离任审计”为由限制高管人员离职或不出具离职证明的案例。例如，成都某银行因离任审计、问责调查未向杨某开具离职证明，被人民法院判赔损失 64 万元。笔者认为，《劳动合同法》赋予了劳动者的辞职自由权。按照《劳动合同法》的精神，劳动者辞职，只需履行通知义务即可（法律规定可不予通知的除外），在法定的提前通知期届满时（在认可脱密期约定的前提下，为脱密期满），无论用人单位是否完成离职审计，劳动合同即自行解除。因此，用人单位的批准、完成离职审计并非劳动者解除劳动合同的必要条件。劳动者的辞职自由权、问责调查与离任/离职审计不能阻却劳动关系解除在业界也已经基本达成了共识。

第四节
高管人员劳动合同解除与终止的操作建议

基于前述内容的分析，笔者结合常年为客户提供人力资源法律服务的经验，在高管人员劳动合同的解除和终止方面，提出如下几方面的建议，供用人单位和劳动者参考。

一、依法规范高管人员的劳动合同等协议，充分利用意思自治原则，就法律空白的内容进行提前约定

如前所述，高管人员劳动合同的解除与终止，既涉及职务的解除，还涉及劳动关系的解除与终止。在此过程中，有很多法律未做出明确规定、易引发争议的事项，例如，高管人员职务被撤销是否构成“客观情况发生重大变

化”的情形？董事会免除高管人员的职务后、劳动合同解除或终止前，高管人员的岗位、薪资如何安排？针对此类法律空白的事项，劳资双方可以通过劳动合同或者其他约定，对此进行事先的约定，从而避免争议的产生。

二、建立和完善有关高管人员管理的规章制度，明确高管人员的职责、纪律

董事会作出的免职决定并不必然导致劳资双方劳动关系的解除，对用人单位解除决定的审查，仍然严格依据《劳动合同法》等法律的规定。在用人单位单方解除劳动合同的案件中，往往严重失职、严重违纪、不胜任工作居多。因此，用人单位应当通过合法有效的规章制度，对高管人员的工作职责、胜任标准、劳动纪律等进行明确、详细的规定，并通过民主讨论和公示程序使其具备法律效力，以保障用人单位在处理高管人员的劳动关系时有章可循、有据可依。

三、提前做好保密和竞业限制安排

有关保密和竞业限制的规定，在本书的其他章节中已有论述，此处不再赘述。用人单位在与高管人员建立劳动合同关系时，应当根据员工所任职的岗位、接触企业商业秘密的可能性及深度，签署相应的保密和竞业限制协议；在与高管人员解除或终止劳动合同前，应当充分评估劳动者离职可能对用人单位的商业秘密保护造成的影响，对于有必要要求其履行离职后的竞业限制义务的人员，应当依据竞业限制协议等文件的约定，做好相应的通知等工作，以避免企业商业秘密的泄露。

四、提前掌控企业重要财物

高管人员作为企业的管理者，在行使经营管理权的过程中通常掌握了企业的重要财物，如公章、营业执照、财务账簿。在企业向其告知解除、终止劳动关系的决定后，有些高管人员因与公司产生纠纷，不愿返还所掌握的财

物甚至实施恶意毁损的行为，导致公司的业务运营受到阻碍。因此，用人单位在作出与高管人员解除或终止劳动合同的决定时，应当同时作好相关证照、文件、资料、业务等的交接预案，避免因此给公司造成损失。此外，在日常管理过程中，企业还应当建立严格的内控制度（如公章申请及使用制度），并通过重要财物多人分管等方式预防风险的发生。

五、抓紧做好离职审计工作，尽可能在劳动合同解除或终止前做完

用人单位在收到劳动者的辞职申请后，或者拟与劳动者解除或终止劳动合同时，应当尽快启动离职审计，并在法律规定的提前通知期届满前审计完毕。对于发现问题的，及时启动追责程序。若确因客观原因无法在提前通知期届满前审计完毕，企业也不得以此作为阻碍员工离职、拒绝开具离职证明的理由。

六、注意履行法律规定的其他劳动者离职应履行的义务

高管人员也属于劳动法上的劳动者，因此劳动法关于劳动合同解除和终止的普适性规定同样适用于高管人员。例如，“三期”等特殊人员在劳动合同解除和终止环节的特殊保护，用人单位在解除劳动合同前应当通知工会，依法履行送达义务。对此，法律上已有明确的规定，实践中对此的理解也基本不存在争议，本章中不再详细展开。

七、尽量采取协商的方式解决与高管人员的劳动合同解除与终止问题

高管人员的离职往往会给用人单位带来较大的影响，甚至一些高管人员的更替对公司的股票价值等都会产生很大的影响。特别是一些掌握企业核心机密的高管人员离职，如果处理不当，很可能会给企业带来生死存亡的考验。因此，我们建议，在高管人员劳动合同解除与终止的问题上，企业尽量采用充分沟通的方式，与高管人员达成一致，以尽量减少高管人员离职、争议给企业带来的负面影响。

第七章　竞业限制

第一节

竞业限制与竞业禁止

2008 年《劳动合同法》实施以前，我国的《劳动法》中未规定竞业限制的相关条款，即在此之前，我国劳动法律层面并未设立竞业限制制度。2008 年 1 月 1 日，《劳动合同法》正式实施，该部法律中明确规定了竞业限制的相关条款，劳动法律层面的竞业限制制度正式建立。

一、竞业限制与竞业禁止的联系

《劳动合同法》正式出台实施以前，《公司法》第 148 条规定："董事、高管人员不得有下列行为……（五）未经股东会或者股东大会同意，利用职务便利为自己或者他人谋取属于公司的商业机会，自营或者为他人经营与所任职公司同类的业务……"《合伙企业法》第 32 条规定："合伙人不得自营或者同他人合作经营与本合伙企业相竞争的业务……"《个人独资企业法》第 20 条规定："投资人委托或者聘用的管理个人独资企业事务的人员不得有下列行为……（六）未经投资人同意，从事与本企业相竞争的业务……"可知，公司董事、高管人员、企业合伙人、企业管理人员不得自营或者为他人经营与所任职公司或合伙企业同类的业务或相竞争的业务，即禁止该类人员从事与本公司或企业同类或相竞争的业务，从法律层面设立了公司董事、高管人员和合伙企业合伙人的竞业禁止制度。

2008年1月，我国正式实施的《劳动合同法》第23条“用人单位与劳动者可以在劳动合同中约定保守用人单位的商业秘密和与知识产权相关的保密事项。对负有保密义务的劳动者，用人单位可以在劳动合同或者保密协议中与劳动者约定竞业限制条款，并约定在解除或者终止劳动合同后，在竞业限制期限内按月给予劳动者经济补偿。劳动者违反竞业限制约定的，应当按照约定向用人单位支付违约金”，以及第24条“竞业限制的人员限于用人单位的高管人员、高级技术人员和其他负有保密义务的人员。竞业限制的范围、地域、期限由用人单位与劳动者约定，竞业限制的约定不得违反法律、法规的规定。在解除或者终止劳动合同后，前款规定的人员到与本单位生产或者经营同类产品、从事同类业务的有竞争关系的其他用人单位，或者自己开业生产或者经营同类产品、从事同类业务的竞业限制期限，不得超过二年”明确规定了用人单位负有保密义务的劳动者可以约定竞业限制条款，负有竞业限制义务的劳动者与用人单位解除或终止劳动合同后不得到与用人单位生产或者经营同类产品、从事同类业务的有竞争关系的其他用人单位，或者自己开业生产或者经营同类产品、从事同类业务，确立了劳动法上的竞业限制制度。

从法律关于竞业禁止和竞业限制的规定来看，首先，竞业禁止和竞业限制的限制措施都是禁止相关人员从事或经营与本人单位相同业务或者相竞争的业务，两者适用对象需履行的限制义务基本相同；其次，竞业禁止和竞业限制的核心目的之一是相同的，即通过竞业禁止和竞业限制的实施保护企业的商业秘密不被泄露或非法利用，以维护企业的合法利益；最后，企业与高管人员签订了竞业限制协议或条款的，高管人员不仅要遵守与企业之间的竞业限制约定，同时还要承担法律规定的高管人员竞业禁止义务。因此，竞业禁止和竞业限制实际上存在相同地方和一定内在联系。

二、竞业限制与竞业禁止的区别

虽然竞业限制和竞业禁止存在一定的相同之处和联系，但是竞业限制和竞业禁止在适用对象、权利义务、违法后果等方面均有着明显的区别。通过综合比较分析可知，竞业限制与竞业禁止存在以下区别：

（一）适用对象不同

竞业限制适用的对象为用人单位负有保密义务的劳动者，一般限于高管人员、高级技术人员，根据相关法律规定，高管人员主要包括公司的经理、副经理、财务负责人，上市公司董事会秘书和公司章程规定的其他人员。但是，竞业限制不仅适用于前述人员，还可以适用于接触用人单位商业秘密或技术秘密负有保密义务的一般员工。竞业禁止适用的对象为公司的董事、高管人员、企业合伙人、个人独资企业管理人员。

（二）义务性质不同

竞业限制义务是由用人单位根据法律规定与劳动者的约定设定，只能依据用人单位与劳动者签订的竞业限制协议而设定，法律对此并没有强制性规定，即竞业限制义务属于约定义务。竞业禁止是法律明确规定的特定人员必须履行的义务，属于法定义务。

（三）履行期限不同

竞业限制的履行期限为负有竞业限制义务的劳动者在与用人单位劳动合同解除或终止后应承担的义务，并且履行该义务的最长期限为劳动合同解除或终止之日起二年以内，该期限不得通过协议的方式延长。竞业禁止适用于特定人员在担任特定职务的任职期内。

（四）权利义务不同

法律明确规定用人单位对负有竞业限制义务的劳动者在竞业限制期限内必须支付竞业限制补偿金，用人单位未支付竞业限制补偿金的，劳动者可以不履行竞业限制义务，因此竞业限制属于双务合同。关于竞业禁止，法律并没有明确规定企业需要支付补偿金，属于竞业禁止的特定人员不得以企业未支付补偿而不予履行竞业禁止义务，因此竞业禁止属于单务性质的义务。

（五）违法后果不同

竞业限制义务履行过程中，劳动者违反竞业限制约定的，应当按照约定向用人单位支付违约金，违约金的数额由双方约定。违反竞业限制义务的劳动者向用人单位支付违约金后，并不免除其在剩余期限内继续履行竞业限制义务。相反，若用人单位未向劳动者支付竞业限制补偿金的，劳动者可以要求用人单位支付补偿金，达到法律规定期限的劳动者可以解除竞业限制协议。竞业禁止中董事、高管人员违反竞业禁止规定所得的收入，应当归公司所有。

（六）终止方式不同

用人单位与劳动者双方协商一致可以解除竞业限制协议，或者由用人单位单方通知解除。除此之外，用人单位未履行支付竞业限制补偿金义务达到3个月的，劳动者也可以单方解除竞业限制协议。竞业禁止义务属法定义务，不能通过协议免除，任何一方也不能单方通知不履行该义务。

第二节 竞业限制协议的签订

竞业限制义务是由用人单位根据法律规定与劳动者的约定而设定，性质上属于约定义务。用人单位和劳动者应当承担的义务内容主要是由双方在法律规定的范围内协商确定，双方各自的权利义务最终体现在书面协议中。实践中，经常出现用人单位与劳动者签订的竞业限制协议权利义务约定不清、内容违法等情形，导致用人单位无法主张或要求劳动者履行竞业限制义务或支付违约金。因此，竞业限制协议的签订管理对用人单位十分重要，用人单位应当清楚在与劳动者签订竞业限制协议时需要注意哪些问题，怎样签订一份合法有效并且内容完善的竞业限制协议，避免出现前述情形导致用人单位对劳动者的竞业限制目的落空，以保护单位的商业秘密等合法权益。

一、竞业限制协议签订主体

根据《劳动合同法》第23条的规定，用人单位与劳动者可以在劳动合同中约定保守用人单位的商业秘密和与知识产权相关的保密事项。对负有保密义务的劳动者，用人单位可以在劳动合同或者保密协议中与劳动者约定竞业限制条款。竞业限制协议的签订主体即协议双方当事人，一方为用人单位，另一方即为劳动者。

（一）用人单位——具有公益性质的医疗机构，不能作为签订竞业限制的主体

根据《劳动合同法》第2条的规定，中华人民共和国境内的企业、个体经济组织、民办非企业单位等组织（以下称用人单位）与劳动者建立劳动关系，订立、履行、变更、解除或者终止劳动合同，适用《劳动合同法》。国家机关、事业单位、社会团体和与其建立劳动关系的劳动者，订立、履行、变更、解除或者终止劳动合同，依照《劳动合同法》执行。《劳动合同法实施条例》第3条规定，依法成立的会计师事务所、律师事务所等合伙组织和基金会，属于《劳动合同法》规定的用人单位。根据前述法律、法规的规定，企业、个体经济组织、民办非企业单位、会计师事务所、律师事务所等合伙组织和基金会等属于劳动法规定的用人单位，该类单位因实际需要可以作为一方当事人和与其建立劳动关系的劳动者签订竞业限制协议。同时，国家机关、事业单位、社会团体等和与其建立劳动关系的劳动者之间适用《劳动合同法》的规定，也可以作为签订竞业限制协议的主体和与其建立劳动关系的劳动者签订竞业限制协议。

作为用工一方的组织机构在与拟聘用的人员签订竞业限制协议时应当注意审查自身是否属于法律规定的用人单位，是否符合签订竞业限制协议的主体资格。若相关组织机构不属于法律规定的用人单位，则不具备与劳动者签订竞业限制协议的主体资格，否则，即使与劳动者签订了竞业限制协议，也可能因不符合主体资格而导致竞业限制协议无效，不能要求劳动者履行竞业限制义务。

【典型案例】某骨科医院与刘某劳动争议案

2008年1月29日，某骨科医院与刘某签订劳动合同，合同期限自2008年1月1日至2018年1月1日，刘某在骨科医院处担任副院长职务。2008年3月6日，骨科医院与刘某签订补充协议，约定了竞业限制，甲方（骨科医

院）或乙方（刘某）解除劳动合同，在竞业限制期限内按月给予乙方经济补偿金，乙方违反竞业限制约定，向甲方支付违约金30万元。2013年5月刘某以骨科医院未为其缴纳工伤保险、失业保险、生育保险为由向骨科医院书面提出解除劳动合同，随后到其他医院工作。骨科医院认为，刘某违反了竞业限制约定，要求支付30万元违约金，因为协议主体符合《劳动法》的规定，刘某系骨科医院高管人员，在医院工作多年，医院为培养其投入巨大资金，形成了可保护的利益，刘某应按照竞业限制协议履行。刘某认为，医院不存在商业秘密和知识产权秘密，骨科医院主体不符合竞业限制主体。

【法律解析】

本案争议焦点为骨科医院是否符合签订竞业限制协议的主体，其与刘某签订的竞业限制协议是否具有法律约束力。

法院认为，骨科医院作为公益性质的医院并不存在商业经营的商业秘密，且没有提供证据证明其是具有科研项目的医疗机构，不存在知识产权相关秘密，骨科医院主体不适用竞业限制主体，所以骨科医院与刘某之间签订的竞业限制协议不符合法律规定的目的和意义。骨科医院与刘某签订的竞业限制协议与劳动者择业自主权相冲突，同时妨碍了高级技术人才的流动，影响社会公共利益，是无效的，驳回了骨科医院的诉讼请求。

【实操要点】

首先，根据上文分析，笔者认为只要符合《劳动合同法》规定的用人单位主体资格，其与劳动者之间建立劳动关系，即具备与劳动者签订竞业限制协议的主体资格。因此，虽然是作为具有公益性质的医疗机构，但其符合《劳动合同法》规定的用人单位主体资格，也具有签订竞业限制协议的主体资格。

其次，上述案例中，法院认为骨科医院为公益性质的医院不具有经营的商业秘密，且没有提交证据证明具有科研项目不存在知识产权，而认为骨科医院不是竞业限制的适格主体，这一认定主要是从法律设置竞业限制制度的主要目的出发，竞业限制制度的主要目的是保护用人单位的商业秘密和知识产权。因此，在实际操作中，笔者建议此类性质的用人单位在与劳动者签订竞业限制协议时即明确是基于何种目的签订该协议，如劳动者已经掌握了本单位的何种保密信息、参加了本单位何种科研项目，以保证竞业限制协议能够对劳动者产生法律约束力。

（二）劳动者——高管人员的认定

根据《劳动合同法》第 24 条的规定，竞业限制的人员限于用人单位的高管人员、高级技术人员和其他负有保密义务的人员。我国《公司法》中对高管人员的范围作了明确的规定，高管人员主要包括公司的经理、副经理、财务负责人，上市公司董事会秘书和公司章程规定的其他人员。但是需要提请用人单位注意的是，本处规定的“经理”是指公司的总经理级别，而不是一般的部门经理或者现实中许多用人单位岗位职责中的客户经理、业务经理等。

高级技术人员一般是指企业中具有高级技术职称或者具有非常高水平的专业技术人员，如高级工程师、高级监理师、高级研发师，这一类人员能够掌握到企业的核心竞争技术等信息。除此之外，竞业限制适用的人员还包括负有保密义务的人员，这类人员可能并不具有高水平的专业技术，在企业中的岗位也可能仅仅为一般普通岗位，但是其在工作过程中可能会接触或知悉企业的商业秘密、保密信息等。

作为用工一方的组织机构在与拟聘用的人员签订竞业限制协议时应当注意审查该聘用人员是否属于法律规定的适用竞业限制的人员，是否具备签订竞业限制协议的主体资格。同样，若相关人员不属于法律规定的适用于竞业限制的人员，则不具备签订竞业限制协议的主体资格，否则，即使与其签订了竞业限制协议，也可能因不符合主体资格而导致竞业限制协议无效，不能要求劳动者履行竞业限制义务。

【典型案例】某科技公司与张某竞业限制纠纷案

2017 年 5 月 15 日，某科技公司与张某签订《劳动合同书》，约定合同期限自 2017 年 5 月 15 日起至 2020 年 5 月 14 日止，张某担任管理岗位工作。同日，双方还签订《竞业限制协议书》，约定：鉴于双方于 2017 年 5 月 15 日依法签订了劳动合同，约定甲方（某科技公司）招用乙方（张某）在本单位管理岗位工作，由于该岗位人员为甲方高管人员/高级技术人员/掌握甲方商业秘密的其他人，掌握着甲方及其子公司、关联公司的重要商业信息。为避免乙方利用甲方及其子公司、关联公司商业秘密谋取个人利益，双方就商业秘密保护与竞业限制事宜，经平等协商一致签订本协议，以明确各方权利与义务。劳动合同约定的期限届满终止，或者在劳动合同期限届满前任何一方要求或者双方协商一致解除劳动合同的，自合同终止或者解除之日起二年内（不得超过2年），乙方不得到与甲方及其子公司、关联公司生产或者经营同类产品、从事同类业务的有竞争关系的单位工作，也不得单独或者与他人共同投资设立企业生产或者经营甲方及其子公司、关联公司经营的同类产品，从事与甲方及其子公司、关联公司经营范围同类的业务。某科技公司主张，2018年2月7日，张某无视其与某科技公司签订的《劳动合同书》、《竞业限制协议书》和《保密协议》，在担任某科技公司的高管人员及高级技术人员并掌握原告商业秘密的情况下，私下伙同某科技公司的在职员工投资成立与某科技公司构成业务竞争的A公司，认缴投资金额为40万元，并担任该公司的执行董事、经理、法定代表人。2018年3月9日，A公司再投资成立与某科技公司构成业务竞争的B公司，担任该公司监事职务。2018年6月2日，向某科技公司提出辞职。某科技公司据此提起诉讼，主张要求张某支付违反竞业限制的违约金40万元。

【法律解析】

本案的争议焦点为张某是否属于某科技公司的高管人员，即是否被视为属于竞业限制人员范围。

张某庭审中辩称，其与某科技公司签订的《竞业限制协议书》约定的内容超出了法律规定的竞业限制范围，且双方权利义务严重不对等，应属无效协议，对其不具有法律约束力。其本人只是某科技公司的一般管理人员，并非高管人员，并不属于竞业限制人员的范围。

法院认为，根据某科技公司举示的数据部门工作人员请假单3张，张某在“经理”一栏签字，而张某自己的请假单只需要总经理办公室签字即可，结合《劳动合同书》中约定张某的职位为管理岗位，可以认定张某是某科技公司的高管人员，属于竞业限制的人员。因其存在违反竞业限制义务的行为，法院判决张某支付违约金。

【实操要点】

《公司法》规定高管人员主要包括公司的经理、副经理、财务负责人，上市公司董事会秘书和公司章程规定的其他人员。本案中劳动者张某实际岗位为一般的部门经理级别岗位，并不属于严格法律意义上的高管人员，但是法院最终认定其属于某科技公司的高管人员，属于竞业限制人员的范围，实践中，司法机关对高管人员的认定相对宽泛。从前述《公司法》的规定来看，除几类特定人员之外，高管人员还包括了公司章程规定的其他人员。因此，公司可以通过自己的章程将部门级别经理、总监等管理人员规定为本公司的高管人员，以确保与该类人员签订竞业限制协议时符合竞业限制人员为高管人员的范畴，避免与其签订的竞业限制协议无效。

二、竞业限制协议的内容

用人单位和劳动者之间关于竞业限制的相关权利义务最直接的体现就是双方签订的竞业限制协议，因此一份完善的竞业限制协议有助于明确用人单位和劳动之间的各项权利义务。实践中，往往出现许多因用人单位与本单位的管理人员之间签订的竞业限制协议内容约定不清楚或必要的内容缺失，从而导致用人单位无法在高管人员离职后主张高管人员履行竞业限制义务，给用人单位造成被动的案例。笔者认为，竞业限制协议应当明确约定的内容包括竞业限制期限、竞业限制范围、竞业限制地域、竞业限制义务、竞业限制补偿金、竞业限制违约责任等。

（一）竞业限制期限约定可摧毁竞业限制协议的效力

根据《劳动合同法》第 24 条的规定，竞业限制的期限由用人单位与劳动者约定，竞业限制的约定不得违反法律、法规的规定。在解除或者终止劳动合同后，劳动者到与本单位生产或者经营同类产品、从事同类业务的有竞争关系的其他用人单位，或者自己开业生产或者经营同类产品、从事同类业务的竞业限制期限，不得超过 2 年。用人单位与劳动者签订的竞业限制协议中需明确竞业限制的具体期限，即用人单位要求劳动者在什么时间段内履行竞业限制的义务。竞业限制的期限可以由用人单位与劳动者双方协商一致约定，但是，根据前述法律规定，竞业限制的期限最长不得超过2年。

实践中，我们看到关于竞业限制期限存在的问题主要有两种情况。第一情况是，用人单位与劳动者没有约定具体的竞业限制期限，在双方没有约定竞业限制期限的情况下能否直接推定竞业限制期限即为法律规定的最长2年的期限？笔者认为，此种情形下不能直接推定双方竞业限制期限即为2年，如果直接推定为2年则可能加重劳动者的义务。用人单位与劳动者双方未约定竞业限制期限，视为双方约定不明，可以按照《合同法》的相关规定由双方另行协商确定。司法实践中，关于未明确约定竞业限制期限的案例，有法院认为，因用人单位和劳动者双方当事人对竞业限制条款约定不明，且根据《合同法》第62条的规定，以及合同相关条款或者交易习惯，无法明确竞业期限，则用人单位无权要求劳动者履行竞业限制义务，劳动者无须履行竞业限制义务。第2种情况是，用人单位与劳动者约定的竞业限制期限超过法律规定的最长2年的期限，若用人单位与劳动者约定的竞业限制期限超过2年，则是否导致竞业限制协议无效。笔者认为，用人单位与劳动者约定的竞业限制期限超过2年并不必然导致整个竞业限制协议无效，但是超过2年部分的竞业限制协议期间应当属于无效，超出的部分，用人单位无权再要求劳动者履行竞业限制义务，劳动者也无须履行竞业限制义务。因此，竞业限制协议中一定要明确竞业限制的期限，否则可能导致用人单位不能主张劳动者履行竞业限制义务。

【典型案例1】肖某与某实业有限公司劳动争议案

肖某于2015年7月20日入职某实业有限公司，任九江区域的销售总监，负责整个九江区域的产品销售。双方签订的《劳动合同》第28条载明：“本合同解除或者终止后，乙方在______年内不得到与甲方生产或者经营同类产品、从事同类业务的有竞争关系的其他用人单位，或者自己开业生产或者经营同类产品、从事同类业务。”第29条规定：“乙方违反竞业限制的法律法规规定以及合同约定，应向甲方支付违约金10,000元，如违约金不足以弥补甲方所受的实际损失的，甲方有权继续向乙方追偿。”肖某从某实业有限公司离职后，某实业有限公司根据《劳动合同》的竞业限制约定主张其离职后违反了竞业限制义务，要求其支付违约金。

【法律解析】

肖某与某实业有限公司签订的《劳动合同》中约定了竞业限制条款，但是该竞业限制条款并未约定具体的竞业限制期限，该竞业限制条款是否具有法律效力？法院认为，关于某实业有限公司诉请的竞业限制补偿金65,963.08元问题，经审查，双方未约定竞业限制期限，故竞业限制条款并未成立，对双方不具有约束力，故对某实业有限公司的此项诉请不予支持。

【实操要点】

竞业限制期限属于竞业限制协议的主要内容之一，用人单位与高管人员签订竞业限制协议或条款时一定要约定明确的竞业限制期限。通过上述案例我们看出，若用人单位未与劳动者明确约定竞业限制期限，司法机关有可能认为竞业限制条款并未成立生效，而不具有法律约束力。高管人员作为知悉用人单位商业秘密的主要人员，离职后不能通过竞业限制方式对其就业进行限制和约束，可能对用人单位造成严重影响，牢记任何一个细节都可能摧毁你的竞业限制协议。

【典型案例2】李某与智明达公司劳动争议案

2016年9月21日，智明达公司（甲方）与李某（乙方）签订《竞业限制协议》，约定：在双方劳动关系终止之日起6个月内，乙方的义务为按照《竞业限制协议》第1条履行竞业限制约定，甲方的义务为在李某严格遵守全部约定的情况下，按月向李某支付竞业限制经济补偿，竞业限制经济补偿标准为乙方离职前月平均工资的30%（税前），乙方则需要每个季度第一个月向甲方提供履行竞业限制义务的证明。在乙方完全履行竞业限制义务的情况下，甲方未按本协议约定支付竞业限制经济补偿，且经乙方书面要求仍未支付的，乙方可解除《竞业限制协议》。2017年8月4日，智明达公司（甲方）与李某（乙方）签订《离职协议》，约定：甲乙双方的劳动关系于2017年7月31日解除，双方之前签署的所有有关甲方聘用乙方的劳动合同提前终止，但涉及保密责任及竞业禁止义务的内容继续有效。乙方离职后3年内，未经甲方同意，不自办与甲方生产或经营同类产品、从事同类业务的企业，或到与甲方生产或经营同类产品、从事同类业务的其他用人单位工作或以其他方式提供服务等其他与甲方有竞争关系的行为。

【法律解析】

本案中智明达公司与李某签订的《离职协议》约定的竞业限制期限为3年，超过了《劳动合同合法》规定的不超过2年期限的限制。该约定是否导致双方竞业限制协议无效呢？法院认为，《离职协议》中约定的3年竞业限制期限，超过了《劳动合同法》第24条规定的2年，超过部分的期限无效。

【实操要点】

法律对竞业限制期限有明确的规定，未约定竞业限制期限反而可能导致竞业限制条款不成立不具有约束力，约定的竞业限制期限超过法律规定的期限，超过部分无效，即关于竞业限制期限宁可超期，不可无期。但是，实践中也有约定的竞业限制期超过法律规定的2年而导致被认定为竞业限制协议无效的案例，作为针对高管人员的竞业限制协议的约定必须慎重对待，关于竞业限制期限的约定一定要与法律规定相符，避免任何一种可能导致协议无效的情形。

（二）竞业限制范围

根据《劳动合同法》第24条第2款的规定，在解除或者终止劳动合同后，劳动者到与本单位生产或者经营同类产品、从事同类业务的有竞争关系的其他用人单位，或者自己开业生产或者经营同类产品、从事同类业务的竞业限制期限，不得超过2年。根据本条款法律规定，竞业限制的范围一般限于与本单位经营同类产品、从事同类业务，即竞业限制的范围仅限于与用人单位具有同业竞争的范围之内。由于竞业限制在一定程度上限制了劳动者的劳动权利，竞业限制一旦生效，劳动者一般只从事其他类别的工作，因此一般不能任意扩大竞业限制的范围。实践中，鉴于商业秘密的范围可大可小，如果任由用人单位来认定，则可能会被认定为扩大竞业限制的范围而不予支持。

司法实践中，司法机关对于判定劳动者是否违反竞业限制义务主要考察劳动者工作的新单位是否与原用人单位经营“同类产品”“同类业务”，而“同类产品”“同类业务”一般以用人单位的章程或营业执照中载明经营范围来进行界定。实践中，用人单位实际经营的产品或业务可能并不是完全包含在章程或营业执照的范围之内。因此，竞业限制协议中应当明确具体的限制范围，若用人单位实际经营的产品或者业务未登记在经营范围之内，应在竞业限制协议中将实际经营的产品或者业务约定在竞业限制范围之内，避免此后产生争议。

（三）竞业限制地域约定范围为“全国”“全球”不一定就是万能钥匙

竞业限制地域一般是指劳动者履行竞业限制义务的地理区域范围，比如成都市、四川省等。目前，我国《劳动合同法》中对竞业限制的地域范围未作明确的限制性规定。竞业限制的地域范围也系由用人单位与劳动者协商一致约定，因此竞业限制协议中一定要明确约定竞业限制的地域范围。竞业限制的地域可以根据本单位的实际经营区域确定，如果用人单位属于区域性经营的企业，可以将竞业限制的地域范围约定在本经济区域内，不宜简单地约定为全国或全球范围，否则，司法机关有可能认为该约定排除了劳动者的权利而被认定为无效。相比于互联网类企业，因为该类企业开展业务经营的区域性不明显，在约定竞业限制地域时可以考虑约定为全国范围。同时，若用人单位为全球化的企业或跨国性企业，单位的经营业务范围辐射境外，不仅仅需要劳动者在境内履行竞业限制义务，还需要劳动者在境外区域履行竞业限制义务，竞业限制协议中关于竞业限制区域可以考虑明确包括境外一定区域或者全球范围。

用人单位与高管人员在签订竞业限制协议时，约定高管人员的竞业限制地域应当结合本单位的业务性质、业务区域范围、主要竞争对手业务区域范围等因素综合确定竞业限制的地域范围，而不是简单地“一刀切”。简单粗暴地约定竞业限制地域范围为全国、全球，反而有可能导致竞业限制协议无效。

（四）高管人员规避竞业限制义务的方式

竞业限制义务指劳动者在竞业限制期间需要履行的限制义务，主要包括劳动者离职后不得到与原用人单位生产或者经营同类产品、从事同类业务的有竞争关系的其他用人单位工作，或者劳动者不得自己开业生产或者经营与原用人单位同类产品、从事同类业务。

企业的高管人员相比于一般普通员工掌握的企业商业秘密更核心。现实中，高管人员违反竞业限制义务的情形包括：（1）其他竞争企业通过高薪方式将高管人员挖到本单位；（2）高管人员从企业辞职，自行设立企业经营与原单位同类产品、从事同类业务。高管人员到其他竞争单位工作时，会更加谨慎，一般会不与该单位直接签订劳动合同，而是采用“马甲”方式，与另外一家公司签订劳动合同，由第三方公司缴纳社会保险和公积金，在该企业工作内部会另行更换一个名字而不直接用该人员的真实名字称呼。同时，高管人员离职后自行设立企业经营与原单位相同产品、从事同类业务，一般也不会直接以本人作为股东等名义开设该企业，而是以其他不具有相关联性的人员作为股东等方式设立企业，自己通过幕后控制和操作的方式来规避自身应当履行的竞业限制义务。

（五）竞业限制补偿金约定太任性，产生的后果可能更“任性”

根据《劳动合同法》第23条第2款的规定，对负有保密义务的劳动者，用人单位可以在劳动合同或者保密协议中与劳动者约定竞业限制条款，并约定在解除或者终止劳动合同后，在竞业限制期限内按月给予劳动者经济补偿。用人单位要求劳动者履行竞业限制义务的前提是向员工支付经济补偿，经济补偿的具体标准法律并未作明确规定，因此经济补偿的标准原则上由双方协商一致确定。实践中，经常存在用人单位仅与劳动者约定了竞业限制条款或竞业限制协议，并未明确约定竞业限制补偿金的具体标准。根据《最高人民法院关于审理劳动争议案件适用法律若干问题的解释（四）》第6条规定，当事人在劳动合同或者保密协议中约定了竞业限制，但未约定解除或者终止劳动合同后给予劳动者经济补偿，劳动者履行了竞业限制义务，要求用人单位按照劳动者在劳动合同解除或者终止前12个月平均工资的30%按月支付经济补偿的，人民法院应予支持。前款规定的月平均工资的30%低于劳动合同履行地最低工资标准的，按照劳动合同履行地最低工资标准支付。结合该条司法解释的规定，未约定竞业限制补偿金并不必然导致竞业限制条款或者竞业限制协议的无效，用人单位同样应承担竞业限制补偿金的支付责任。

用人单位与劳动者双方未约定竞业限制补偿金标准时，如何确定用人单位应支付的竞业限制补偿金，各个地方也出台了一些相关规定。比如：《北京市高级人民法院、北京市劳动争议仲裁委员会关于劳动争议案件法律适用问题研讨会会议纪要》明确指出，用人单位与劳动者在劳动合同或保密协议中约定了竞业限制条款，但未就补偿费的给付或具体给付标准进行约定，不应据此认定竞业限制条款无效，双方在劳动关系存续期间或在解除、终止劳动合同时，可以通过协商予以补救，经协商不能达成一致的，可按照双方劳动关系终止前最后一个年度劳动者工资的20%～60%确定补偿费数额。《上海市高级人民法院关于适用〈劳动合同法〉若干问题的意见》明确规定，用人单位明确表示不支付补偿费的，竞业限制条款对劳动者不具有约束力。劳动合同当事人仅约定劳动者应当履行竞业限制义务，但未约定是否向劳动者支付补偿金，或者虽约定向劳动者支付补偿金但未明确约定具体支付标准的，基于当事人就竞业限制有一致的意思表示，可以认为竞业限制条款对双方仍有约束力。补偿金数额不明的，双方可以继续就补偿金的标准进行协商；协商不能达成一致的，用人单位应当按照劳动者此前正常工资的20%～50%支付。

竞业限制补偿金的具体标准应当属于竞业限制协议的必要内容之一，通过在竞业限制协议中明确约定竞业限制补偿金的标准，防止约定不清，避免在协议履行过程中出现争议。

【典型案例】梁某与米科思公司竞业限制纠纷案

梁某于2017年2月14日入职米科思公司任副总工程师，双方签订为期3年的劳动合同，并同时签订了专项《员工保密协议》。《员工保密协议》第2条约定，梁某在劳动合同终止后两年内，不得组建、参与或就业与米科思公司有竞争关系的公司或单位，不论因何种原因从米科思公司处离职，离职后两年内不得到在公司经营区域从事的行业相同或相近的企业，及与公司有竞争关系的企业工作。《员工保密协议》第3条约定，梁某离职后，米科思公司为其支付竞业限制补偿金，每月按济南市最低生活保障金进行补偿。《员工保密协议》第4条约定，若梁某不履行本协议所规定的保密竞业限制义务，应一次性向公司支付违约金50万元。梁某于2018年7月9日从米科思公司辞职，入职到青岛科尼乐机械设备有限公司工作，根据该企业的经营产品，其与米科思公司属于行业相同或相近的企业。米科思公司主张梁某违反了双方约定的竞业限制义务而向法院起诉要求支付50万元违约金。

【法律解析】

本案争议焦点问题之一是双方协议中约定的50万元违约金是否过高。米科思公司认为竞业限制协议是双方平等协商一致签订，对双方具有法律约束力，应按照约定支付违约金。劳动者梁某主张，双方协议中约定的竞业限制补偿金仅为济南市的生活保障金标准，明显低于本人工资标准，相比于协议约定的50万元违约金明显过高。

法院认为，双方协议约定的竞业限制补偿金为每月按济南市生活保障金标准支付，而米科思约定的不履行保密义务的违约金高达50万元，该约定显失公平合理，违背了权利、义务对等原则，仅支持了10万元违约金。

【实操要点】

竞业限制补偿金主要是对履行竞业限制义务的人员不能在同行业有竞争关系的用人单位就业而短期内无法找到工作或从事其他工作收入下降的补偿。尤其是企业高管人员若不能够在离职后到与原单位有竞争关系的单位就业，其收入下降会更加明显。因此，针对高管人员离职后的竞业限制补偿金约定过低，相反竞业限制协议中约定的违约金又过高的情形，司法机关一般均会以显失公平合理原则而予以调整违约金，这将大大降低对高管人员的约束力。实际操作中，笔者建议用人单位在对需要履行竞业限制义务的高管人员约定竞业限制补偿金时不要过低，以避免其违约时协议中约定的违约金无法得到支持。

（六）从千万竞业限制违约金案看竞业限制的违约责任

竞业限制违约责任主要是指竞业限制协议双方当事人出现违反竞业限制约定义务应当承担的法律责任。根据《合同法》的相关规定，合同一方当事人违约，违约方应当承担的违约责任包括支付违约金、赔偿损失等，法律对违约金的具体数额没有作明确的规定，一般都是当事人双方在合同中约定。根据《劳动合同法》第23条第2款的规定，劳动者违反竞业限制约定的，应当按照约定向用人单位支付违约金。劳动法上对劳动者违反竞业限制义务的违约金也没有作具体的规定，因此违约金也应当由用人单位和劳动者双方协商一致约定。从实践案例来看，竞业限制协议履行过程中，违反协议的一方当事人多数是劳动者，当劳动者违反竞业限制义务时，用人单位要主张劳动者承担违约责任主要就是要求劳动者支付一定数额的违约金，若竞业限制协议中未约定具体的违约金数额可能导致用人单位无法要求劳动者承担违约责任。因此，竞业限制协议中约定劳动者违约时应当承担的违约金数额十分有必要。

劳动者违反竞业限制协议到与原单位具有竞争关系的单位工作，同时也可能会泄露或者擅自使用其掌握的原单位商业秘密或保密信息，劳动者的行为不仅违反了竞业限制的约定，还侵犯了原用人单位的商业秘密，属于侵权行为。竞业限制协议中除约定违约金外，还可以约定劳动者侵犯用人单位商业秘密的损害赔偿责任。

【典型案例】腾讯上海公司与徐某竞业限制纠纷案

自 2009 年 4 月 1 日起，腾讯上海公司与徐某建立劳动关系，徐某从事网络游戏开发运营工作。双方之间最后一份劳动合同签订于 2011 年 9 月 15 日，期限自 2011 年 10 月 1 日起至 2017 年 9 月 30 日止，相关内容为："甲方（指腾讯上海公司）的报酬体系中的 200 元/月为乙方（指徐某）离职后承担不竞争义务的补偿费""乙方违反不竞争的约定，除乙方与新聘用单位解除非法劳动关系外，尚须向甲方支付人民币拾万元违约金。"2009 年 8 月 6 日、2012 年 10 月 25 日，腾讯上海公司作为甲方、徐某作为乙方，双方先后签订了两份主要内容相同的《协议书》。后一份《协议书》的相关内容为："鉴于乙方已经（或可能）知悉甲方及其关联公司的重要商业秘密或者对甲方及其关联公司的竞争优势具有重要影响的信息，乙方特作出本保密与不竞争承诺，作为甲方母公司——腾讯控股有限公司授予乙方股票期权或限制性股票的对价。甲、乙根据国家有关法律法规，本着平等、自愿、公平、诚信的精神，经充分协商一致后，共同订立本合同。"其"权利和义务"约定如下："（一）乙方承诺：1. 未经甲方书面同意，在职期间不得自营、参与经营与甲方或甲方关联公司构成业务竞争关系的单位；2. 不论因何种原因从甲方或其关联公司离职，离职后两年内（自劳动关系解除之日起计算，到劳动关系解除两年后的次日止，下同）乙方不得与同甲方或甲方关联公司有竞争关系的单位建立劳动关系、劳务关系、劳务派遣、咨询顾问、股东、合伙人等关系。这些单位包括但不限于下列单位及其关联公司：（内容略）。3. 不论因何种原因从甲方或其关联公司离职，离职后两年内都不得自办与甲方或其关联公司有竞争关系的企业或者从事与甲方及其关联公司商业秘密有关的产品、服务的生产、经营，所谓与甲方及其关联公司有竞争关系的企业，包括但不限于以下几类单位：(内容略)。”“(二) 甲方承诺：根据《购股权计划》、《股份奖励计划》由甲方的母公司——腾讯控股有限公司将于乙方任职期间向乙方发放股票期权或限制性股票若干作为乙方承诺保密与不竞争的对价。股票期权或限制性股票发放的具体数目及执行细节依乙方和腾讯控股有限公司签署有关股票期权或限制性股票授予协议而定。鉴于前述对价关系，若乙方的保密与不竞争承诺因任何原因被认定为无效，乙方行使股票期权或限制性股票所获得的收益须全额返还给甲方（除非甲方书面免除乙方的返还义务)。”其“违约责任”约定如下：“(1) 乙方不履行本协议约定的义务，应当承担违约责任：第一，对于已授予还未行使的股票期权或限制性股票乙方无权再行使；对于已行使股票期权或限制性股票，则甲方有权向乙方追索所有任职期间行使股票期权或限制性股票所生之收益。若行使股票期权所生之收益数额难以确定的，以甲方对乙方的违约行为初次采取法律行动（包括但不限于发送律师函、法律函、诉讼、劳动仲裁）当日的股票市值与授权基础价格之差价计算；限制性股票以采取法律行动当日股票市值计算。除非乙方可举证证明上述实际收益。第二，乙方违约行为给甲方或甲方关联公司造成损失的，乙方应当承担赔偿责任（如已经支付违约金的，应当予以扣除)。甲方可要求乙方同时履行上述一项或多项违约责任……”2014 年 1 月 26 日，徐某成立了 a 公司，其为该公司法定代表人、股东。案外人 b 公司、d 公司成立日期均为 2014 年 11 月 19 日，案外人上海 f 有限公司（以下简称 f 公司）成立日期为 2015 年 1 月 7 日。b 公司、d 公司和 f 公司的法定代表人、执行董事均为徐某，a 公司为三公司的股东。

【法律解析】

本案诉讼过程中，腾讯上海公司并未直接向徐某支付竞业限制补偿金，而是通过授予限制性股票的方式授予徐某股票，并要求徐某作出不得违反竞业限制的承诺。一审诉讼过程中，法院将徐某取得的限制性股票的收益认定为公司支付的竞业限制补偿金，因徐某自行设立与腾讯上海公司相同业务的公司，存在违反竞业限制的行为，故法院判决徐某支付300余万元违约金。二审诉讼中，法院认为，双方签订的协议中关于徐某违反竞业限制承诺应当返还限制性股票获取的收益的约定属于违约金条款，故判决徐某支付腾讯上海公司1900余万元。

【实操要点】

实践中，一些企业授予高管人员限制性股票或股票期权，同时要求高管人员履行竞业限制义务。为了避免争议，建议企业在与高管人员签订协议时，明确约定企业给予的限制性股票或股票期权即为向其支付竞业限制补偿金，即视为企业履行了支付竞业限制补偿金的义务；若高管人员违反了竞业限制义务，应当返还通过限制性股票或股票期权取得的收益，该收益即为高管人员应向企业支付的违约金。

三、竞业限制协议签订技巧

用人单位针对高级管理岗位的劳动者有竞业限制要求的，在与高管人员签订竞业限制协议过程中需掌握一定技巧和注意事项，以便竞业限制协议能够顺利签订，从而保障用人单位竞业限制的目的能够实现，进一步达到保护用人单位的商业秘密的目的。

（一）把握签订时机，让竞业协议签署不再难

笔者在从事法律服务的过程中，经常接到用人单位咨询的一个问题就是“律师，我单位有一位高级管理岗位员工马上要离职，因该员工接触和了解到公司商业秘密，公司提出在离职时与该员工签订竞业限制协议，但员工现在不愿意与公司签订竞业限制协议，单位该怎么办”。当接到类似的咨询问题时，笔者一般都是这样回复的：竞业限制协议必须是双方协商一致才能签订，任何一方不能强迫或者以胁迫等方式要求对方签署，员工在离职时不愿意与用人单位签订那也就只能不签，或者用人单位认为即将离职的员工掌握的商业秘密对用人单位非常重要，可以通过提高竞业限制补偿金的方式与员工再次协商，争取能够与员工达成并签订协议。

通过以上问题，我们可以看出，出现前述问题的用人单位实质是选择签

订竞业限制的时机未把握对，当员工提出离职时才想着与员工签订竞业限制协议。而此时，员工提出离职极有可能是跳槽至其他同行业的单位任职，一般都不会愿意再与原单位签订竞业限制协议。因此，用人单位在招聘员工时，应当提前针对拟聘用员工的具体岗位确定是否需要该岗位员工在离职时履行竞业限制义务，若确实需要该岗位员工履行竞业限制义务，用人单位在该员工办理入职手续时即与其签订竞业限制协议，员工基于取得聘用的机会，一般在办理入职时与用人单位达成协议的成功率非常高。同样，在劳动合同履行过程中，普通员工的工作岗位发生变更，升职为高管人员，员工变更工作岗位后会接触和了解到用人单位的商业秘密，需要员工履行竞业限制义务。如确实存在该情形，用人单位应当在员工的工作岗位变更时即与员工签订竞业限制协议，避免等到员工离职时才恍然如梦，要求员工签订竞业限制协议。

（二）明确竞业义务，列举不可为的竞业行为

用人单位签订竞业限制协议核心目的就是限制员工在离职后不能到与本单位生产或者经营同类产品、从事同类业务的有竞争关系的其他用人单位工作，或者自己开业生产或者经营同类产品、从事同类业务。但是，在实践中负有竞业限制义务的高管人员往往通过一些方式来规避应当履行的限制义务，比如与竞争单位建立顾问关系，而不到竞争单位工作，以此抗辩主张未到竞争单位工作，履行了竞业限制义务。用人单位在与高管人员签订竞业限制协议时，在协议中可以采用列举方式明确规定高管人员应当履行的竞业义务。比如：不得到与本单位生产或者经营同类产品、从事同类业务的有竞争关系的任何第三方工作或拥有利益；不得自行开业生产或者经营本单位同类产品、从事同类业务；不得为在产品、市场或服务方面与本单位直接或间接竞争的企业或者机构工作服务或者在这种企业、机构担任任何职务，包括股东、合伙人、董事、监事、经理、职员、代理人、顾问等，或虽然不担任职务，但为前述单位提供指导、咨询、协助或拥有利益的；不得与本单位的客户、供应商发生商业接触，该种商业接触包括为其提供服务、收取订单和发生可能直接或间接转移本单位的业务或对本单位的业务产生或将产生不利影响；不得到本单位的客户、供应商单位任职、兼职或谋取任何利益等。

（三）确定竞业名单，让竞业义务更清晰

竞业限制的限制范围之一是不能到与本单位生产或者经营同类产品、从事同类业务的有竞争关系的其他用人单位工作，而用人单位对所处行业内的哪些其他用人单位是否有竞争关系是比较清楚的。用人单位在与高管人员签订竞业限制协议时可以确定竞业限制名单，通过协议的方式明确具有竞争关系的用人单位及其控股或参股的企业，并明确高管人员离职时不得到协议确定的与本单位具有竞争关系的用人单位及其控股或参股的企业工作，以更加明确高管人员的竞业限制义务。

第三节
竞业限制协议的履行

用人单位与高管人员签订竞业限制协议后，一旦高管人员从用人单位离职，用人单位和高管人员应当各自履行竞业限制协议中约定的义务。实践中，用人单位与高管人员因竞业限制协议而产生的争议，大都是因一方当事人未按照协议约定履行义务而引起。用人单位在履行竞业限制协议过程中应当特别注意，避免因履行协议不当或未履行协议，而最终导致无法要求高管人员履行竞业限制义务。

一、竞业限制补偿金的支付

用人单位向高管人员依法支付竞业限制补偿金是要求高管人员履行竞业限制的前提条件，用人单位未履行支付竞业限制补偿金的义务，高管人员可以此提出抗辩不予履行竞业限制义务。用人单位要确保对高管人员的竞业限制，必须按照约定履行自身的义务。那么，用人单位在支付竞业限制补偿金的过程中应当注意哪些问题呢？

（一）补偿标准合理

从《劳动合同法》关于劳动合同解除或终止后的竞业限制期间应给劳动者经济补偿的立法本意来看，该补偿是对劳动者离职后因履行竞业限制义务，不能在同行业有竞争关系的用人单位就业而短期内无法找到工作或从事其他工作收入下降的补偿。上文分析到，竞业限制经济补偿的具体标准法律并未作出明确规定，经济补偿的标准原则上由用人单位和劳动者双方协商一致确定。实践中，不乏用人单位与一些高管人员签订竞业限制协议约定极低的经济补偿，不能保障高管人员在竞业限制期内正常的生活。用人单位与劳动者约定竞业限制补偿金的标准时一定要结合高管人员的工作岗位、单位所在行业、离职前的工资标准等多种因素综合考虑竞业限制补偿金的标准，以确保补偿金标准的合理性，同时建议该标准不应低于当地人民政府规定的最低工资标准。用人单位支付的补偿金标准明显过低，劳动者可以要求用人单位调增补偿金的标准或要求给予补足一定的经济补偿。同时，若用人单位支付的补偿金标准明显过低，即使是劳动者违反竞业限制约定，双方协议中约定的违约金也可能得不到全额支持，这样导致竞业限制协议对高管人员的约束力将大大降低，完全可能导致高管人员故意违反竞业限制协议，因为其违反协议的成本较低。

（二）费用性质确定，避免“人财两空”

根据《劳动合同法》的规定，竞业限制经济补偿是在解除或者终止劳动合同后，在竞业限制期限内按月给予劳动者。但是在实践中，部分用人单位为了达到限制离职员工到竞争单位入职的目的，又不愿意支付过高的补偿金，往往会与劳动者约定在职期间向劳动者支付的工资待遇中已经包含了竞业限制补偿金或者从劳动者的工资收入中单独拆分一块作为竞业限制补偿金。此种情形下涉及两个问题：竞业限制补偿金能否在劳动者离职前发放？用人单位约定工资中包含竞业限制补偿金能否认定已经支付了竞业限制补偿金？

从《劳动合同法》的规定来看，竞业限制规范的是员工离职之后的行为，补偿金应该在员工离职后发放。但是，各个地方针对劳动者在职期间发放竞业限制补偿金的问题有不同的规定。其中《广东省高级人民法院、广东省劳动人事争议仲裁委员会关于审理劳动人事争议案件若干问题的座谈会纪要》第21条规定："劳动合同解除或者终止后，劳动者请求用人单位支付竞业限制经济补偿或以用人单位未按约定支付竞业限制经济补偿为由要求不履行竞业限制义务，用人单位以其在劳动关系存续期间向劳动者支付的劳动报酬已包含竞业限制经济补偿进行抗辩的，不予支持。"相反，《江苏省高级人民法院、江苏省劳动人事争议仲裁委员会关于审理劳动人事争议案件的指导意见（二）》第11条规定："用人单位与负有保密义务的劳动者约定了竞业限制条款，并在劳动关系存续期间先行给付了合同约定且不低于法定标准的经济补偿，劳动合同解除或终止后，劳动者请求确认该竞业限制条款无效的，不予支持……"因此，用人单位在劳动者在职期间向劳动者支付竞业限制补偿金能否得到司法机关的支持在不同地区可能结果不同。同时，若用人单位在劳动者在职期间支付竞业限制补偿金，不能从劳动者工资中拆分一块作为补偿金，也不能与劳动者工资一并发放，而是单独发放，将发放的款项性质明确为竞业限制补偿金并由劳动者确认。因此，为了避免用人单位未向劳动者支付竞业限制补偿金而不能要求其承担竞业限制义务的风险，笔者建议用人单位在高管人员离职后依法按月发放竞业限制补偿金，若用人单位确实需要在高管人员在职期间发放竞业限制补偿金，应当与工资区分开发放，发放费用的性质由高管人员签字确认，降低用人单位的法律风险。

（三）收款方式固定，有效化解支付不能的尴尬

实践中，有劳动者为了达到不履行竞业限制义务的目的，通过各种方式拒收用人单位支付的竞业限制补偿金，更有甚者通过注销双方协议中约定的收款银行账户，想以用人单位未支付竞业限制补偿金而为自己不履行竞业限制义务作抗辩。用人单位与高管人员签订的竞业限制协议中应当明确约定高管人员收取竞业限制补偿金的银行收款账户，同时明确若高管人员未提供账户、提供账户错误、账户注销等各种非因用人单位原因而导致单位无法支付竞业限制补偿金的，因此造成的损失由高管人员自行承担，且在此期间不免除高管人员的竞业限制义务。同时，用人单位在支付竞业限制补偿金的过程中发现高管人员提供的银行账户出现退款等情形时，应及时向高管人员发送书面通知要求高管人员提供收款账户信息，以表明用人单位积极主动履行支付竞业限制补偿金的义务。

二、如何认定违反竞业限制义务

竞业限制协议履行过程中，用人单位认为劳动者违反了竞业限制义务，根据“谁主张，谁举证”的原则，用人单位应当承担举证责任。实践中要认定劳动者违反竞业限制义务，应当举证证明高管人员存在以下事实：第一，高管人员在新用人单位工作的事实，或高管人员自行从事经营、从事与用人单位有竞争的产品或业务的事实；第二，高管人员所在的新用人单位与原用人单位存在竞争关系，或者劳动者自行经营的产品或业务与原用人单位存在竞争关系。

高管人员在新用人单位工作的事实，用人单位可收集的证据范围包括：高管人员与新用人单位签订的劳动合同；新用人单位向高管人员支付工资的记录；新用人单位为高管人员缴纳社保的缴费记录；新用人单位代扣代缴的个人所得税的完税记录；拨打新用人单位前台电话或实地访谈调查高管人员在其工作的录音或视频；高管人员代表新用人单位对外签订的合同或其从事相关业务方面的宣传文章、新闻报道、投标文件等。前述证据特别是相关主管部门保存的证据，用人单位取得均具有一定难度，用人单位可以在提起劳动仲裁或诉讼过程中向仲裁机关或者法院申请调查取证，同时也可以将高管人员所在的新用人单位作为案件的第三人以便其参加仲裁、诉讼查明事实。

关于存在竞争关系的事实认定，一直是实务中认定的难点。实践中，一般通过比对两家用人单位的营业执照中登记的经营范围是否存在重合，因此营业执照信息通常都会成为竞业限制案件劳动仲裁、诉讼中的证据，通过比较两家用人单位在营业执照上记载的经营范围是否存在重合，可以证明二者之间是否具有竞争关系。笔者通过研究很多法院的判决发现，其中一部分采纳了当事人提供的单位营业登记范围的证据作为认定离职员工是否违反竞争限制的依据之一。此外，还可以通过两家单位登记的营业执照中的经营范围按照《国民经济行业分类》的范围确定两家单位是否为同行业的单位，进一步判断两家单位是否存在业务上的竞争关系。同时，很多企业的工商登记为了方便，存在登记的经营范围和实际经营业务不相一致的情形，仅仅参考营业执照信息不一定具有准确性。用人单位在举证时，可以提供其实际开展的业务与劳动者新用人单位在其官方网站等地方宣传的经营业务相同，存在竞争关系，也可能得到司法机关的采纳和支持。

三、违约金与继续履行问题

劳动者违反竞业限制协议后，向用人单位支付了协议约定的违约金，劳动者是否可以不再继续履行竞业限制义务？实践中，部分劳动者在违反竞业限制约定并承担违约金责任后，可能存在再次从事竞业工作的情况。《最高人民法院关于审理劳动争议案件适用法律若干问题的解释（四）》第10条规定："劳动者违反竞业限制约定，向用人单位支付违约金后，用人单位要求劳动者按照约定继续履行竞业限制义务的，人民法院应予支持。"根据该条规定，违约的劳动者适用支付违约金的方式承担后，因双方当事人在未解除、终止合同的情况下，竞业限制条款的合同效力并未丧失，劳动者若再次从事竞业工作，仍然需要承担违约责任。但是，实践中存在争议的问题是，若劳动者支付了违约金仍继续一直留在该单位工作，其行为是否属于违约，用人单位能否再次主张违约金？笔者认为，劳动者再次从事的竞业工作与前次从事的竞业工作不得同一，否则劳动者再次违约仅是前次违约的继续，是属于判决履行的问题，而不是新的违约事实。在已有的司法判例中，司法机关就明确认为，用人单位主张劳动者支付违约金后，劳动者仍在前次诉讼案件中的竞争单位继续工作属于"再次违约"，但是其实质系违约行为的延续，属于前次诉讼案件判决履行问题。鉴于此，用人单位基于同一违约事实主张劳动者再次违反竞业限制义务并要求劳动者支付违约金，法院不予支持。

简单归纳就是，如果劳动者继续在同一家用人单位工作的，原用人单位不得再次主张违约金；但如果劳动者又到新的竞争对手再次从事竞业工作的，原用人单位可以再次要求劳动者支付违约金。

【典型案例】孙某诉银丰公司劳动争议案

银丰公司因孙某违反竞业限制协议提起仲裁，案件经过仲裁、一审、二审，2016年4月北京市第一中级人民法院作出二审判决，维持一审判决，判决孙某向银丰公司支付竞业限制违约金 7.2 万元并继续履行《保密及竞业限制协议》。银丰公司在北京市第一中级人民法院作出二审判决后，认为孙某再次违反竞业限制义务，构成违约，再次提起仲裁要求孙某支付竞业限制违约金 7.2 万元。

【法律解析】

本案争议焦点为2016 年4 月北京市第一中级人民法院作出二审判决，维持一审民事判决，判决孙某向银丰公司支付竞业限制违约金 7.2 万元并继续履行《保密及竞业限制协议》后，孙某有无再次违反竞业限制义务，应否再次向银丰公司支付竞业限制违约金。

法院认为，银丰公司称孙某与“上海新致”“北京新致”“成都新致”等多家公司间存在劳动关系，以上海新致公司作为股东成立“成都新致”，构成对双方间竞业限制约定的再次违反。但结合业已生效并执行的前案判决书，前案中认定孙某违反竞业限制约定并判决其支付违约金的事实基础为“孙某与上海新致公司间存在工作关系，孙某曾在另案中自述为成都新致公司高级工程师，上海新致公司及孙某均为成都新致公司股东”等。考虑到上海新致公司、北京新致公司（上海新致公司全资子公司）、成都新致公司（上海新致公司设立）间的关联关系，本案中，银丰公司主张孙某“再次违约”，其实质系前案中违约行为的延续，属于前案判决履行问题。鉴于此，银丰公司基于同一违约事实主张孙某再次违反竞业限制义务并要求孙某支付违约金，法院无法予以支持。据上，孙某无须向银丰公司支付竞业限制违约金 7.2 万元。

【实操要点】

实践中，用人单位因劳动者违反竞业限制义务提起仲裁、诉讼时均会在请求中提出一项要求继续履行竞业限制的请求，根据《最高人民法院关于审理劳动争议案件适用法律若干问题的解释（四)》第 10 条的规定，劳动者违反竞业限制约定，向用人单位支付违约金后，用人单位要求劳动者按照约定继续履行竞业限制义务的，人民法院应予支持。仲裁机构和法院一般除支持违约金外也会支持用人单位提出的继续履行的请求。往往司法机关裁（判）决后，也会出现劳动者支付了违约金，但是仍然留在与原单位具有竞争关系的单位继续工作的情形。按照上述案例的司法裁判观点，劳动者的这种行为不属于“再次违约行为”，该行为属于前案违约行为的延续，属于前案判决履行问题，用人单位再次主张违约金的请求可能得不到支持。因此，我们建议用人单位与高管人员签订竞业限制协议时，一定约定较高金额的违约金，从源头上对高管人员产生约束，使其不敢违反竞业限制协议；此外，建议用人单位与高管人员签订的竞业限制协议中明确约定，如高管人员违反竞业限制协议支付违约金后仍未与该用人单位解除劳动关系而继续在该用人单位工作的，视为高管人员新的违约行为，应另行按照协议支付竞业限制违约金，通过协议约定的方式确定该行为为新的违约行为，为届时司法裁判提供合同依据。

第四节 竞业限制协议的解除

竞业限制协议的解除标志着用人单位与劳动者的权利义务的终止，双方可以不再履行竞业限制协议中约定的义务。用人单位应当特别注意，与高管人员之间的竞业限制协议一旦解除，则不能再主张要求高管人员履行竞业限制义务。用人单位履行竞业限制协议不当，可能导致竞业限制协议的解除。

一、协议解除的方式

（一）协商解除

竞业限制协议作为合同的一种，是双方当事人意思自治的体现，用人单位与劳动者双方协商达成一致，可以解除双方签订的竞业限制协议。

（二）用人单位单方解除

《最高人民法院关于审理劳动争议案件适用法律若干问题的解释（四）》

第9条规定："在竞业限制期限内，用人单位请求解除竞业限制协议时，人民法院应予支持。在解除竞业限制协议时，劳动者请求用人单位额外支付劳动者三个月的竞业限制经济补偿的，人民法院应予支持。"根据该条司法解释的规定，用人单位在竞业限制期限内，享有单方解除竞业限制协议的权利，用人单位可以通过向负有竞业限制义务的高管人员发送书面通知的方式告知高管人员解除竞业限制协议，不再要求高管人员履行竞业限制义务。因此，用人单位可以根据实际需要，确定不再需要某一离职高管人员继续履行竞业限制义务而行使单方解除竞业限制协议的权利。但是，在解除竞业限制协议时，高管人员可以要求用人单位额外支付3个月的竞业限制补偿金。

（三）劳动者单方解除

《最高人民法院关于审理劳动争议案件适用法律若干问题的解释（四）》第8条规定："当事人在劳动合同或者保密协议中约定了竞业限制和经济补偿，劳动合同解除或者终止后，因用人单位的原因导致三个月未支付经济补偿，劳动者请求解除竞业限制约定的，人民法院应予支持。"根据该条司法解释的规定，在竞业限制期内，因用人单位的原因存在3个月未向劳动者支付竞业限制经济补偿的，劳动者享有单方解除竞业限制协议的权利，劳动者也可以该理由通过向用人单位发送书面通知的方式，告知用人单位解除竞业限制协议，不再履行竞业限制义务。作为用人单位，则应当注意在竞业限制期内按时足额向负有竞业限制义务的高管人员支付竞业限制经济补偿，避免高管人员单方解除竞业限制协议，导致用人单位竞业限制的目的无法实现。

二、协议的解除时间

现实中，虽然用人单位未与劳动者单独签订竞业限制协议，但是用人单位与劳动者签订的劳动合同中可能有竞业限制条款，用人单位对此并未注意，或者用人单位在劳动者入职时签订了竞业限制协议，在劳动者离职后实际上不需要该劳动者履行竞业限制义务，但用人单位在劳动者离职时未作明确处理。此后，员工离职在新用人单位工作，正好该新用人单位与劳动者原用人单位之间不存在业务竞争关系，劳动者以此为由主张履行了竞业限制义务，要求原用人单位支付竞业限制补偿金。《最高人民法院关于审理劳动争议案件适用法律若干问题的解释（四）》第7条规定："当事人在劳动合同或者保密协议中约定了竞业限制和经济补偿，当事人解除劳动合同时，除另有约定外，用人单位要求劳动者履行竞业限制义务，或者劳动者履行了竞业限制义务后要求用人单位支付经济补偿的，人民法院应予支持。"根据该条司法解释的规定，劳动者要求用人单位支付经济补偿的请求将会得到司法机关的支持。

用人单位应当在高管人员离职时，注意审查与高管人员签订的劳动合同中是否有竞业限制条款或是否签订竞业限制协议，并确定是否需要离职的高管人员在离职后履行竞业限制义务。若用人单位不需要离职高管人员履行竞业限制义务的，应当在高管人员离职之前书面通知高管人员解除竞业限制条款或协议，明确告知其离职后不再需要履行竞业限制义务，以避免离职的高管人员嗣后以履行了竞业限制义务为由而要求用人单位支付竞业限制补偿金，增加用人单位的成本和法律责任。

第八章　实务问答

问题一：如何界定高管人员？

答：根据《公司法》第216条的规定，公司的高管人员是指公司的经理、副经理、财务负责人，上市公司董事会秘书和公司章程规定的其他人员，并且笔者认为此处的“经理、副经理”应作狭义解释，仅限于公司的总经理、副总经理。故用人单位高管人员的界定，应结合公司员工的具体职位、公司的章程进行确定。

问题二：高管人员是否适用特殊工时制？

答：根据《原劳动部关于企业实行不定时工作制和综合计算工时工作制的审批办法》（劳部发〔1994〕503号）第4条的规定，公司的高管人员属于可以实行不定时工作制的人员之一，可以使用特殊工时制。

问题三：不定时工时制是什么？

答：不定时工作制是针对因生产特点、工作性质特殊需要或职责范围的关系，无法适用标准工作时间或需要机动作业的岗位而采用的一种工作时间制度。

问题四：什么是年休假？年休假的时长如何确定？

答：年休假是指法律规定的劳动者工作满一定的工作年限后，每年享有的保留工作带薪连续休假。根据《职工带薪年休假条例》第 3 条的规定，职工累计工作已满 1 年不满 10 年的，年休假 5 天；已满 10 年不满 20 年的，年休假 10 天；已满 20 年的，年休假 15 天。国家法定休假日、休息日不计入年休假的假期。

问题五：劳动合同变更后是否必须重新签订书面的劳动合同？

答：原则上，根据《劳动合同法》第 35 条"用人单位与劳动者协商一致，可以变更劳动合同约定的内容。变更劳动合同，应当采用书面形式。变更后的劳动合同文本由用人单位和劳动者各执一份"的规定，双方变更劳动合同应当签订书面的变更协议。但是，《最高人民法院关于审理劳动争议案件适用法律若干问题的解释（四)》第 11 条规定："变更劳动合同未采用书面形式，但已经实际履行了口头变更的劳动合同超过一个月，且变更后的劳动合同内容不违反法律、行政法规、国家政策以及公序良俗，当事人以未采用书面形式为由主张劳动合同变更无效的，人民法院不予支持。"即此情况下，视为劳动合同已事实变更，劳动合同产生书面变更的效力。

问题六：用人单位单方解除劳动合同有哪些限制情形？

答：为保护怀孕女职工、工伤职工等特定劳动者的就业权利，《劳动合同法》第 42 条规定了在以下 6 种情形下，用人单位不得以非过失性解除或经济性裁员的方式单方解除劳动合同：

1. 从事接触职业病危害作业的劳动者未进行离岗前职业健康检查，或者疑似职业病病人在诊断或者医学观察期间的；

2. 在本单位患职业病或者因工负伤并被确认丧失或者部分丧失劳动能力的；

3. 患病或者非因工负伤，在规定的医疗期内的；

4. 女职工在孕期、产期、哺乳期的；

5. 在本单位连续工作满 15 年，且距法定退休年龄不足 5 年的；

6. 法律、行政法规规定的其他情形。

问题七：竞业禁止和竞业限制是一回事吗？

答：根据《公司法》第 148 条“董事、高管人员不得有下列行为……（五）未经股东会或者股东大会同意，利用职务便利为自己或者他人谋取属于公司的商业机会，自营或者为他人经营与所任职公司同类的业务……”的规定，竞业禁止是指《公司法》规定的，董事、公司高管人员在未征得股东会或股东大会的同意下禁止自营或者为他人经营与所任职公司同类业务的法定义务，无须双方进行约定，与竞业限制存在本质上的区别。

问题八：哪些人员可以签订“竞业限制”协议？

答：根据《劳动合同法》第 24 条的规定，竞业限制的义务主体只能是用人单位的高管人员、高级技术人员和其他负有保密义务的人员，用人单位不得与上述人员以外的其他劳动者约定竞业限制，否则该约定就是无效的。因此，约定竞业限制的前提是用人单位存在需要保护的商业秘密，否则用人单位没有必要与劳动者签订竞业限制协议。

问题九：用人单位可否一次性支付竞业限制经济补偿或在劳动合同履行过程中按月支付？

答：根据《劳动合同法》第 23 条“对负有保密义务的劳动者，用人单位可以在劳动合同或者保密协议中与劳动者约定竞业限制条款，并约定在解除或者终止劳动合同后，在竞业限制期限内按月给予劳动者经济补偿”的规定，竞业限制经济补偿的法定发放模式为劳动合同解除或终止后按月支付。故用人单位在劳动合同解除或终止后一次性支付的方式属于高于法定标准的情形，是可以的。但是，用人单位在发放竞业限制经济补偿时应注意注明为全部的竞业限制经济补偿，否则存在被认定为 1 个月补偿金的嫌疑。另外，一次性支付竞业限制经济补偿还存在劳动者收取补偿金后，不按照约定遵守竞业限制义务的法律风险。

而对于在劳动合同履行过程中按月支付，因未违反法律强制性规定且未损害劳动者的合法权益，故也是可以的。但是，用人单位应注意，在发放时与工资明确区分，否则存在被认定为属于工资的法律风险。

问题十：如果竞业限制协议中已经明确约定了违约金，员工提出违约金过高的主张能否得到法院的支持？

答：如果用人单位与劳动者就竞业限制义务发生争议，而劳动者认为用人单位与劳动者在竞业限制协议中约定的违约金数额过高的，则其可能要求法院适当减少，法院可能会在综合考虑竞业限制补偿、用人单位损失等因素后对违约金的数额进行调整。

问题十一：高管人员是否需要订立劳动合同？

答：笔者认为在我国现行法律规定下，公司高管人员虽具有一定职能与地位，但实际上仍受到公司的约束，其对于公司的人身从属性较强，其仍应属于劳动者范畴。故根据《公司法》第 46 条及《原劳动部关于贯彻执行〈中华人民共和国劳动法〉若干问题的意见》第 11 条的规定，应由董事会进行聘任并签订书面劳动合同，但由于董事会并非独立用工主体，不应作为用人单位与高管人员签订劳动合同，因此笔者认为公司作为用人单位应依照《劳动合同法》第 10 条的规定与高管人员签订劳动合同。

问题十二：董事会对高管人员的聘任书能否替代劳动合同？

答：根据《劳动合同法》第 17 条“劳动合同应当具备以下条款：（一）用人单位的名称、住所和法定代表人或者主要负责人；（二）劳动者的姓名、住址和居民身份证或者其他有效身份证件号码；（三）劳动合同期限；（四）工作内容和工作地点；（五）工作时间和休息休假；（六）劳动报酬；（七）社会保险；（八）劳动保护、劳动条件和职业危害防护；（九）法律、法规规定应当纳入劳动合同的其他事项”的规定，劳动合同应该包括上述主要条款，以明确双方的权利与义务。若董事会对高管人员的聘任书也同样包含上述主要条款，双方权利义务在聘书中已明确约定，则可以视为双方已经订立书面劳动合同，聘任书可以替代劳动合同。否则，公司作为独立的用人主体，仍然应与高管人员签订书面的劳动合同。

问题十三：如何控制高管人员离职时的离职风险？

答：第一，用人单位应注意与高管人员签订保密承诺书，要求其承诺继续遵守保密义务、不泄露所知悉商业秘密。第二，视用人单位需要决定是否与其订立竞业限制协议，防止其离职后到与本单位具有竞争关系的单位任职。第三，及时掌握高管人员离职后的去向，确保其竞业限制期内各项要求落实到位；对掌握公司主要经营信息与渠道的核心高管人员，应进行必要的回访，回访可采取实地谈话、电话回访、函访等形式。另外，对于上市公司高管人员的离职，用人单位还应当按照《上市公司信息披露管理办法》等相关规定及时进行公告，避免遭受处罚。

第九章　相关法律法规

1. 中华人民共和国劳动法（2018修正）

（1994年7月5日第八届全国人民代表大会常务委员会第八次会议通过　1994年7月5日中华人民共和国主席令第二十八号公布　根据2009年8月27日中华人民共和国主席令第十八号第十一届全国人民代表大会常务委员会第十次会议《关于修改部分法律的决定》修正　中华人民共和国主席令第18号）

第一章　总　　则

第一条　为了保护劳动者的合法权益，调整劳动关系，建立和维护适应社会主义市场经济的劳动制度，促进经济发展和社会进步，根据宪法，制定本法。

第二条　在中华人民共和国境内的企业、个体经济组织（以下统称用人单位）和与之形成劳动关系的劳动者，适用本法。

国家机关、事业组织、社会团体和与之建立劳动合同关系的劳动者，依照本法执行。

第三条　劳动者享有平等就业和选择职业的权利、取得劳动报酬的权利、休息休假的权利、获得劳动安全卫生保护的权利、接受职业技能培训的权利、享受社会保险和福利的权利、提请劳动争议处理的权利以及法律规定的其他劳动权利。

劳动者应当完成劳动任务，提高职业技能，执行劳动安全卫生规程，遵守劳动纪律和职业道德。

第四条　用人单位应当依法建立和完善规章制度，保障劳动者享有劳动权利和履行劳动义务。

第五条 国家采取各种措施，促进劳动就业，发展职业教育，制定劳动标准，调节社会收入，完善社会保险，协调劳动关系，逐步提高劳动者的生活水平。

第六条 国家提倡劳动者参加社会义务劳动，开展劳动竞赛和合理化建议活动，鼓励和保护劳动者进行科学研究、技术革新和发明创造，表彰和奖励劳动模范和先进工作者。

第七条 劳动者有权依法参加和组织工会。

工会代表和维护劳动者的合法权益，依法独立自主地开展活动。

第八条 劳动者依照法律规定，通过职工大会、职工代表大会或者其他形式，参与民主管理或者就保护劳动者合法权益与用人单位进行平等协商。

第九条 国务院劳动行政部门主管全国劳动工作。

县级以上地方人民政府劳动行政部门主管本行政区域内的劳动工作。

第二章 促进就业

第十条 国家通过促进经济和社会发展，创造就业条件，扩大就业机会。

国家鼓励企业、事业组织、社会团体在法律、行政法规规定的范围内兴办产业或者拓展经营，增加就业。

国家支持劳动者自愿组织起来就业和从事个体经营实现就业。

第十一条 地方各级人民政府应当采取措施，发展多种类型的职业介绍机构，提供就业服务。

第十二条 劳动者就业，不因民族、种族、性别、宗教信仰不同而受歧视。

第十三条 妇女享有与男子平等的就业权利。在录用职工时，除国家规定的不适合妇女的工种或者岗位外，不得以性别为由拒绝录用妇女或者提高对妇女的录用标准。

第十四条 残疾人、少数民族人员、退出现役的军人的就业，法律、法规有特别规定的，从其规定。

第十五条 禁止用人单位招用未满十六周岁的未成年人。

文艺、体育和特种工艺单位招用未满十六周岁的未成年人，必须遵守国家有关规定，并保障其接受义务教育的权利。

第三章　劳动合同和集体合同

第十六条　劳动合同是劳动者与用人单位确立劳动关系、明确双方权利和义务的协议。

建立劳动关系应当订立劳动合同。

第十七条　订立和变更劳动合同，应当遵循平等自愿、协商一致的原则，不得违反法律、行政法规的规定。

劳动合同依法订立即具有法律约束力，当事人必须履行劳动合同规定的义务。

第十八条　下列劳动合同无效：

（一）违反法律、行政法规的劳动合同；

（二）采取欺诈、威胁等手段订立的劳动合同。

无效的劳动合同，从订立的时候起，就没有法律约束力。确认劳动合同部分无效的，如果不影响其余部分的效力，其余部分仍然有效。

劳动合同的无效，由劳动争议仲裁委员会或者人民法院确认。

第十九条　劳动合同应当以书面形式订立，并具备以下条款：

（一）劳动合同期限；

（二）工作内容；

（三）劳动保护和劳动条件；

（四）劳动报酬；

（五）劳动纪律；

（六）劳动合同终止的条件；

（七）违反劳动合同的责任。

劳动合同除前款规定的必备条款外，当事人可以协商约定其他内容。

第二十条　劳动合同的期限分为有固定期限、无固定期限和以完成一定的工作为期限。

劳动者在同一用人单位连续工作满十年以上，当事人双方同意延续劳动合同的，如果劳动者提出订立无固定期限的劳动合同，应当订立无固定期限的劳动合同。

第二十一条　劳动合同可以约定试用期。试用期最长不得超过六个月。

第二十二条　劳动合同当事人可以在劳动合同中约定保守用人单位商业秘密的有关事项。

第二十三条　劳动合同期满或者当事人约定的劳动合同终止条件出现，劳动合同即行终止。

第二十四条　经劳动合同当事人协商一致，劳动合同可以解除。

第二十五条　劳动者有下列情形之一的，用人单位可以解除劳动合同：

（一）在试用期间被证明不符合录用条件的；

（二）严重违反劳动纪律或者用人单位规章制度的；

（三）严重失职，营私舞弊，对用人单位利益造成重大损害的；

（四）被依法追究刑事责任的。

第二十六条　有下列情形之一的，用人单位可以解除劳动合同，但是应当提前三十日以书面形式通知劳动者本人：

（一）劳动者患病或者非因工负伤，医疗期满后，不能从事原工作也不能从事由用人单位另行安排的工作的；

（二）劳动者不能胜任工作，经过培训或者调整工作岗位，仍不能胜任工作的；

（三）劳动合同订立时所依据的客观情况发生重大变化，致使原劳动合同无法履行，经当事人协商不能就变更劳动合同达成协议的。

第二十七条　用人单位濒临破产进行法定整顿期间或者生产经营状况发生严重困难，确需裁减人员的，应当提前三十日向工会或者全体职工说明情况，听取工会或者职工的意见，经向劳动行政部门报告后，可以裁减人员。

用人单位依据本条规定裁减人员，在六个月内录用人员的，应当优先录用被裁减的人员。

第二十八条　用人单位依据本法第二十四条、第二十六条、第二十七条的规定解除劳动合同的，应当依照国家有关规定给予经济补偿。

第二十九条　劳动者有下列情形之一的，用人单位不得依据本法第二十六条、第二十七条的规定解除劳动合同：

（一）患职业病或者因工负伤并被确认丧失或者部分丧失劳动能力的；

（二）患病或者负伤，在规定的医疗期内的；

（三）女职工在孕期、产假、哺乳期内的；

（四）法律、行政法规规定的其他情形。

第三十条 用人单位解除劳动合同，工会认为不适当的，有权提出意见。如果用人单位违反法律、法规或者劳动合同，工会有权要求重新处理；劳动者申请仲裁或者提起诉讼的，工会应当依法给予支持和帮助。

第三十一条 劳动者解除劳动合同，应当提前三十日以书面形式通知用人单位。

第三十二条 有下列情形之一的，劳动者可以随时通知用人单位解除劳动合同：

（一）在试用期内的；

（二）用人单位以暴力、威胁或者非法限制人身自由的手段强迫劳动的；

（三）用人单位未按照劳动合同约定支付劳动报酬或者提供劳动条件的。

第三十三条 企业职工一方与企业可以就劳动报酬、工作时间、休息休假、劳动安全卫生、保险福利等事项，签订集体合同。集体合同草案应当提交职工代表大会或者全体职工讨论通过。

集体合同由工会代表职工与企业签订；没有建立工会的企业，由职工推举的代表与企业签订。

第三十四条 集体合同签订后应当报送劳动行政部门；劳动行政部门自收到集体合同文本之日起十五日内未提出异议的，集体合同即行生效。

第三十五条 依法签订的集体合同对企业和企业全体职工具有约束力。职工个人与企业订立的劳动合同中劳动条件和劳动报酬等标准不得低于集体合同的规定。

第四章 工作时间和休息休假

第三十六条 国家实行劳动者每日工作时间不超过八小时、平均每周工作时间不超过四十四小时的工时制度。

第三十七条 对实行计件工作的劳动者，用人单位应当根据本法第三十六条规定的工时制度合理确定其劳动定额和计件报酬标准。

第三十八条 用人单位应当保证劳动者每周至少休息一日。

第三十九条 企业因生产特点不能实行本法第三十六条、第三十八条规定的，经劳动行政部门批准，可以实行其他工作和休息办法。

第四十条 用人单位在下列节日期间应当依法安排劳动者休假：

（一）元旦；

（二）春节；

（三）国际劳动节；

（四）国庆节；

（五）法律、法规规定的其他休假节日。

第四十一条 用人单位由于生产经营需要，经与工会和劳动者协商后可以延长工作时间，一般每日不得超过一小时；因特殊原因需要延长工作时间的，在保障劳动者身体健康的条件下延长工作时间每日不得超过三小时，但是每月不得超过三十六小时。

第四十二条 有下列情形之一的，延长工作时间不受本法第四十一条规定的限制：

（一）发生自然灾害、事故或者因其他原因，威胁劳动者生命健康和财产安全，需要紧急处理的；

（二）生产设备、交通运输线路、公共设施发生故障，影响生产和公众利益，必须及时抢修的；

（三）法律、行政法规规定的其他情形。

第四十三条 用人单位不得违反本法规定延长劳动者的工作时间。

第四十四条 有下列情形之一的，用人单位应当按照下列标准支付高于劳动者正常工作时间工资的工资报酬：

（一）安排劳动者延长工作时间的，支付不低于工资的百分之一百五十的工资报酬；

（二）休息日安排劳动者工作又不能安排补休的，支付不低于工资的百分之二百的工资报酬；

（三）法定休假日安排劳动者工作的，支付不低于工资的百分之三百的工资报酬。

第四十五条 国家实行带薪年休假制度。

劳动者连续工作一年以上的，享受带薪年休假。具体办法由国务院规定。

第五章 工 资

第四十六条 工资分配应当遵循按劳分配原则，实行同工同酬。

工资水平在经济发展的基础上逐步提高。国家对工资总量实行宏观调控。

第四十七条 用人单位根据本单位的生产经营特点和经济效益，依法自主确定本单位的工资分配方式和工资水平。

第四十八条 国家实行最低工资保障制度。最低工资的具体标准由省、自治区、直辖市人民政府规定，报国务院备案。

用人单位支付劳动者的工资不得低于当地最低工资标准。

第四十九条 确定和调整最低工资标准应当综合参考下列因素：

（一）劳动者本人及平均赡养人口的最低生活费用；

（二）社会平均工资水平；

（三）劳动生产率；

（四）就业状况；

（五）地区之间经济发展水平的差异。

第五十条 工资应当以货币形式按月支付给劳动者本人。不得克扣或者无故拖欠劳动者的工资。

第五十一条 劳动者在法定休假日和婚丧假期间以及依法参加社会活动期间，用人单位应当依法支付工资。

第六章 劳动安全卫生

第五十二条 用人单位必须建立、健全劳动安全卫生制度，严格执行国家劳动安全卫生规程和标准，对劳动者进行劳动安全卫生教育，防止劳动过程中的事故，减少职业危害。

第五十三条 劳动安全卫生设施必须符合国家规定的标准。

新建、改建、扩建工程的劳动安全卫生设施必须与主体工程同时设计、同时施工、同时投入生产和使用。

第五十四条 用人单位必须为劳动者提供符合国家规定的劳动安全卫生条件和必要的劳动防护用品，对从事有职业危害作业的劳动者应当定期进行健康检查。

第五十五条 从事特种作业的劳动者必须经过专门培训并取得特种作业资格。

第五十六条 劳动者在劳动过程中必须严格遵守安全操作规程。

劳动者对用人单位管理人员违章指挥、强令冒险作业，有权拒绝执行；对危害生命安全和身体健康的行为，有权提出批评、检举和控告。

第五十七条 国家建立伤亡事故和职业病统计报告和处理制度。县级以上各级人民政府劳动行政部门、有关部门和用人单位应当依法对劳动者在劳动过程中发生的伤亡事故和劳动者的职业病状况，进行统计、报告和处理。

第七章 女职工和未成年工特殊保护

第五十八条 国家对女职工和未成年工实行特殊劳动保护。

未成年工是指年满十六周岁未满十八周岁的劳动者。

第五十九条 禁止安排女职工从事矿山井下、国家规定的第四级体力劳动强度的劳动和其他禁忌从事的劳动。

第六十条 不得安排女职工在经期从事高处、低温、冷水作业和国家规定的第三级体力劳动强度的劳动。

第六十一条 不得安排女职工在怀孕期间从事国家规定的第三级体力劳动强度的劳动和孕期禁忌从事的活动。对怀孕七个月以上的女职工，不得安排其延长工作时间和夜班劳动。

第六十二条 女职工生育享受不少于九十天的产假。

第六十三条 不得安排女职工在哺乳未满一周岁的婴儿期间从事国家规定的第三级体力劳动强度的劳动和哺乳期禁忌从事的其他劳动，不得安排其延长工作时间和夜班劳动。

第六十四条 不得安排未成年工从事矿山井下、有毒有害、国家规定的第四级体力劳动强度的劳动和其他禁忌从事的劳动。

第六十五条 用人单位应当对未成年工定期进行健康检查。

第八章 职业培训

第六十六条 国家通过各种途径，采取各种措施，发展职业培训事业，开发劳动者的职业技能，提高劳动者素质，增强劳动者的就业能力和工作能力。

第六十七条 各级人民政府应当把发展职业培训纳入社会经济发展的规划，鼓励和支持有条件的企业、事业组织、社会团体和个人进行各种形式的职业培训。

第六十八条 用人单位应当建立职业培训制度，按照国家规定提取和使用职业培训经费，根据本单位实际，有计划地对劳动者进行职业培训。

从事技术工种的劳动者，上岗前必须经过培训。

第六十九条 国家确定职业分类，对规定的职业制定职业技能标准，实行职业资格证书制度，由经备案的考核鉴定机构负责对劳动者实施职业技能考核鉴定。

第九章 社会保险和福利

第七十条 国家发展社会保险事业，建立社会保险制度，设立社会保险基金，使劳动者在年老、患病、工伤、失业、生育等情况下获得帮助和补偿。

第七十一条 社会保险水平应当与社会经济发展水平和社会承受能力相适应。

第七十二条 社会保险基金按照保险类型确定资金来源，逐步实行社会统筹。用人单位和劳动者必须依法参加社会保险，缴纳社会保险费。

第七十三条 劳动者在下列情形下，依法享受社会保险待遇：

（一）退休；

（二）患病、负伤；

（三）因工伤残或者患职业病；

（四）失业；

（五）生育。

劳动者死亡后，其遗属依法享受遗属津贴。

劳动者享受社会保险待遇的条件和标准由法律、法规规定。

劳动者享受的社会保险金必须按时足额支付。

第七十四条 社会保险基金经办机构依照法律规定收支、管理和运营社会保险基金，并负有使社会保险基金保值增值的责任。

社会保险基金监督机构依照法律规定，对社会保险基金的收支、管理和运营实施监督。

社会保险基金经办机构和社会保险基金监督机构的设立和职能由法律规定。

任何组织和个人不得挪用社会保险基金。

第七十五条 国家鼓励用人单位根据本单位实际情况为劳动者建立补充

保险。

国家提倡劳动者个人进行储蓄性保险。

第七十六条　国家发展社会福利事业，兴建公共福利设施，为劳动者休息、休养和疗养提供条件。

用人单位应当创造条件，改善集体福利，提高劳动者的福利待遇。

第十章　劳动争议

第七十七条　用人单位与劳动者发生劳动争议，当事人可以依法申请调解、仲裁、提起诉讼，也可以协商解决。

调解原则适用于仲裁和诉讼程序。

第七十八条　解决劳动争议，应当根据合法、公正、及时处理的原则，依法维护劳动争议当事人的合法权益。

第七十九条　劳动争议发生后，当事人可以向本单位劳动争议调解委员会申请调解；调解不成，当事人一方要求仲裁的，可以向劳动争议仲裁委员会申请仲裁。当事人一方也可以直接向劳动争议仲裁委员会申请仲裁。对仲裁裁决不服的，可以向人民法院提起诉讼。

第八十条　在用人单位内，可以设立劳动争议调解委员会。劳动争议调解委员会由职工代表、用人单位代表和工会代表组成。劳动争议调解委员会主任由工会代表担任。

劳动争议经调解达成协议的，当事人应当履行。

第八十一条　劳动争议仲裁委员会由劳动行政部门代表、同级工会代表、用人单位方面的代表组成。劳动争议仲裁委员会主任由劳动行政部门代表担任。

第八十二条　提出仲裁要求的一方应当自劳动争议发生之日起六十日内向劳动争议仲裁委员会提出书面申请。仲裁裁决一般应在收到仲裁申请的六十日内作出。对仲裁裁决无异议的，当事人必须履行。

第八十三条　劳动争议当事人对仲裁裁决不服的，可以自收到仲裁裁决书之日起十五日内向人民法院提起诉讼。一方当事人在法定期限内不起诉又不履行仲裁裁决的，另一方当事人可以申请人民法院强制执行。

第八十四条　因签订集体合同发生争议，当事人协商解决不成的，当地人民政府劳动行政部门可以组织有关各方协调处理。

因履行集体合同发生争议，当事人协商解决不成的，可以向劳动争议仲裁委员会申请仲裁；对仲裁裁决不服的，可以自收到仲裁裁决书之日起十五日内向人民法院提起诉讼。

第十一章　监督检查

第八十五条　县级以上各级人民政府劳动行政部门依法对用人单位遵守劳动法律、法规的情况进行监督检查，对违反劳动法律、法规的行为有权制止，并责令改正。

第八十六条　县级以上各级人民政府劳动行政部门监督检查人员执行公务，有权进入用人单位了解执行劳动法律、法规的情况，查阅必要的资料，并对劳动场所进行检查。

县级以上各级人民政府劳动行政部门监督检查人员执行公务，必须出示证件，秉公执法并遵守有关规定。

第八十七条　县级以上各级人民政府有关部门在各自职责范围内，对用人单位遵守劳动法律、法规的情况进行监督。

第八十八条　各级工会依法维护劳动者的合法权益，对用人单位遵守劳动法律、法规的情况进行监督。

任何组织和个人对于违反劳动法律、法规的行为有权检举和控告。

第十二章　法律责任

第八十九条　用人单位制定的劳动规章制度违反法律、法规规定的，由劳动行政部门给予警告，责令改正；对劳动者造成损害的，应当承担赔偿责任。

第九十条　用人单位违反本法规定，延长劳动者工作时间的，由劳动行政部门给予警告，责令改正，并可以处以罚款。

第九十一条　用人单位有下列侵害劳动者合法权益情形之一的，由劳动行政部门责令支付劳动者的工资报酬、经济补偿，并可以责令支付赔偿金：

（一）克扣或者无故拖欠劳动者工资的；

（二）拒不支付劳动者延长工作时间工资报酬的；

（三）低于当地最低工资标准支付劳动者工资的；

（四）解除劳动合同后，未依照本法规定给予劳动者经济补偿的。

第九十二条 用人单位的劳动安全设施和劳动卫生条件不符合国家规定或者未向劳动者提供必要的劳动防护用品和劳动保护设施的，由劳动行政部门或者有关部门责令改正，可以处以罚款；情节严重的，提请县级以上人民政府决定责令停产整顿；对事故隐患不采取措施，致使发生重大事故，造成劳动者生命和财产损失的，对责任人员依照刑法有关规定追究刑事责任。

第九十三条 用人单位强令劳动者违章冒险作业，发生重大伤亡事故，造成严重后果的，对责任人员依法追究刑事责任。

第九十四条 用人单位非法招用未满十六周岁的未成年人的，由劳动行政部门责令改正，处以罚款；情节严重的，由市场监督管理部门吊销营业执照。

第九十五条 用人单位违反本法对女职工和未成年工的保护规定，侵害其合法权益的，由劳动行政部门责令改正，处以罚款；对女职工或者未成年工造成损害的，应当承担赔偿责任。

第九十六条 用人单位有下列行为之一，由公安机关对责任人员处以十五日以下拘留、罚款或者警告；构成犯罪的，对责任人员依法追究刑事责任：

（一）以暴力、威胁或者非法限制人身自由的手段强迫劳动的；

（二）侮辱、体罚、殴打、非法搜查和拘禁劳动者的。

第九十七条 由于用人单位的原因订立的无效合同，对劳动者造成损害的，应当承担赔偿责任。

第九十八条 用人单位违反本法规定的条件解除劳动合同或者故意拖延不订立劳动合同的，由劳动行政部门责令改正；对劳动者造成损害的，应当承担赔偿责任。

第九十九条 用人单位招用尚未解除劳动合同的劳动者，对原用人单位造成经济损失的，该用人单位应当依法承担连带赔偿责任。

第一百条 用人单位无故不缴纳社会保险费的，由劳动行政部门责令其限期缴纳；逾期不缴的，可以加收滞纳金。

第一百零一条 用人单位无理阻挠劳动行政部门、有关部门及其工作人员行使监督检查权，打击报复举报人员的，由劳动行政部门或者有关部门处以罚款；构成犯罪的，对责任人员依法追究刑事责任。

第一百零二条 劳动者违反本法规定的条件解除劳动合同或者违反劳动合同中约定的保密事项，对用人单位造成经济损失的，应当依法承担赔偿责任。

第一百零三条 劳动行政部门或者有关部门的工作人员滥用职权、玩忽职守、徇私舞弊，构成犯罪的，依法追究刑事责任；不构成犯罪的，给予行政处分。

第一百零四条 国家工作人员和社会保险基金经办机构的工作人员挪用社会保险基金，构成犯罪的，依法追究刑事责任。

第一百零五条 违反本法规定侵害劳动者合法权益，其他法律、行政法规已规定处罚的，依照该法律、行政法规的规定处罚。

第十三章　附　　则

第一百零六条 省、自治区、直辖市人民政府根据本法和本地区的实际情况，规定劳动合同制度的实施步骤，报国务院备案。

第一百零七条 本法自1995年1月1日起施行。

2. 中华人民共和国劳动合同法（2012修正）

（2007年6月29日第十届全国人民代表大会常务委员会第二十八次会议通过　根据2012年12月28日《全国人民代表大会常务委员会关于修改〈中华人民共和国劳动合同法〉的决定》修正　主席令第73号）

第一章　总　　则

第一条 为了完善劳动合同制度，明确劳动合同双方当事人的权利和义务，保护劳动者的合法权益，构建和发展和谐稳定的劳动关系，制定本法。

第二条 中华人民共和国境内的企业、个体经济组织、民办非企业单位等组织（以下称用人单位）与劳动者建立劳动关系，订立、履行、变更、解除或者终止劳动合同，适用本法。

国家机关、事业单位、社会团体和与其建立劳动关系的劳动者，订立、履行、变更、解除或者终止劳动合同，依照本法执行。

第三条 订立劳动合同，应当遵循合法、公平、平等自愿、协商一致、诚实信用的原则。

依法订立的劳动合同具有约束力，用人单位与劳动者应当履行劳动合同约定的义务。

第四条 用人单位应当依法建立和完善劳动规章制度，保障劳动者享有劳动权利、履行劳动义务。

用人单位在制定、修改或者决定有关劳动报酬、工作时间、休息休假、劳动安全卫生、保险福利、职工培训、劳动纪律以及劳动定额管理等直接涉及劳动者切身利益的规章制度或者重大事项时，应当经职工代表大会或者全体职工讨论，提出方案和意见，与工会或者职工代表平等协商确定。

在规章制度和重大事项决定实施过程中，工会或者职工认为不适当的，有权向用人单位提出，通过协商予以修改完善。

用人单位应当将直接涉及劳动者切身利益的规章制度和重大事项决定公示，或者告知劳动者。

第五条 县级以上人民政府劳动行政部门会同工会和企业方面代表，建立健全协调劳动关系三方机制，共同研究解决有关劳动关系的重大问题。

第六条 工会应当帮助、指导劳动者与用人单位依法订立和履行劳动合同，并与用人单位建立集体协商机制，维护劳动者的合法权益。

第二章 劳动合同的订立

第七条 用人单位自用工之日起即与劳动者建立劳动关系。用人单位应当建立职工名册备查。

第八条 用人单位招用劳动者时，应当如实告知劳动者工作内容、工作条件、工作地点、职业危害、安全生产状况、劳动报酬，以及劳动者要求了解的其他情况；用人单位有权了解劳动者与劳动合同直接相关的基本情况，劳动者应当如实说明。

第九条 用人单位招用劳动者，不得扣押劳动者的居民身份证和其他证件，不得要求劳动者提供担保或者以其他名义向劳动者收取财物。

第十条 建立劳动关系，应当订立书面劳动合同。

已建立劳动关系，未同时订立书面劳动合同的，应当自用工之日起一个月内订立书面劳动合同。

用人单位与劳动者在用工前订立劳动合同的，劳动关系自用工之日起建立。

第十一条 用人单位未在用工的同时订立书面劳动合同，与劳动者约定的劳动报酬不明确的，新招用的劳动者的劳动报酬按照集体合同规定的标准执行；没有集体合同或者集体合同未规定的，实行同工同酬。

第十二条 劳动合同分为固定期限劳动合同、无固定期限劳动合同和以完成一定工作任务为期限的劳动合同。

第十三条 固定期限劳动合同，是指用人单位与劳动者约定合同终止时间的劳动合同。

用人单位与劳动者协商一致，可以订立固定期限劳动合同。

第十四条 无固定期限劳动合同，是指用人单位与劳动者约定无确定终止时间的劳动合同。

用人单位与劳动者协商一致，可以订立无固定期限劳动合同。有下列情形之一，劳动者提出或者同意续订、订立劳动合同的，除劳动者提出订立固定期限劳动合同外，应当订立无固定期限劳动合同：

（一）劳动者在该用人单位连续工作满十年的；

（二）用人单位初次实行劳动合同制度或者国有企业改制重新订立劳动合同时，劳动者在该用人单位连续工作满十年且距法定退休年龄不足十年的；

（三）连续订立二次固定期限劳动合同，且劳动者没有本法第三十九条和第四十条第一项、第二项规定的情形，续订劳动合同的。

用人单位自用工之日起满一年不与劳动者订立书面劳动合同的，视为用人单位与劳动者已订立无固定期限劳动合同。

第十五条 以完成一定工作任务为期限的劳动合同，是指用人单位与劳动者约定以某项工作的完成为合同期限的劳动合同。

用人单位与劳动者协商一致，可以订立以完成一定工作任务为期限的劳动合同。

第十六条 劳动合同由用人单位与劳动者协商一致，并经用人单位与劳动者在劳动合同文本上签字或者盖章生效。

劳动合同文本由用人单位和劳动者各执一份。

第十七条 劳动合同应当具备以下条款：

（一）用人单位的名称、住所和法定代表人或者主要负责人；

（二）劳动者的姓名、住址和居民身份证或者其他有效身份证件号码；

（三）劳动合同期限；

（四）工作内容和工作地点；

（五）工作时间和休息休假；

（六）劳动报酬；

（七）社会保险；

（八）劳动保护、劳动条件和职业危害防护；

（九）法律、法规规定应当纳入劳动合同的其他事项。

劳动合同除前款规定的必备条款外，用人单位与劳动者可以约定试用期、培训、保守秘密、补充保险和福利待遇等其他事项。

第十八条　劳动合同对劳动报酬和劳动条件等标准约定不明确，引发争议的，用人单位与劳动者可以重新协商；协商不成的，适用集体合同规定；没有集体合同或者集体合同未规定劳动报酬的，实行同工同酬；没有集体合同或者集体合同未规定劳动条件等标准的，适用国家有关规定。

第十九条　劳动合同期限三个月以上不满一年的，试用期不得超过一个月；劳动合同期限一年以上不满三年的，试用期不得超过二个月；三年以上固定期限和无固定期限的劳动合同，试用期不得超过六个月。

同一用人单位与同一劳动者只能约定一次试用期。

以完成一定工作任务为期限的劳动合同或者劳动合同期限不满三个月的，不得约定试用期。

试用期包含在劳动合同期限内。劳动合同仅约定试用期的，试用期不成立，该期限为劳动合同期限。

第二十条　劳动者在试用期的工资不得低于本单位相同岗位最低档工资或者劳动合同约定工资的百分之八十，并不得低于用人单位所在地的最低工资标准。

第二十一条　在试用期中，除劳动者有本法第三十九条和第四十条第一项、第二项规定的情形外，用人单位不得解除劳动合同。用人单位在试用期解除劳动合同的，应当向劳动者说明理由。

第二十二条　用人单位为劳动者提供专项培训费用，对其进行专业技术培训的，可以与该劳动者订立协议，约定服务期。

劳动者违反服务期约定的，应当按照约定向用人单位支付违约金。违约金的数额不得超过用人单位提供的培训费用。用人单位要求劳动者支付的违约金不得超过服务期尚未履行部分所应分摊的培训费用。

用人单位与劳动者约定服务期的，不影响按照正常的工资调整机制提高劳动者在服务期期间的劳动报酬。

第二十三条 用人单位与劳动者可以在劳动合同中约定保守用人单位的商业秘密和与知识产权相关的保密事项。

对负有保密义务的劳动者，用人单位可以在劳动合同或者保密协议中与劳动者约定竞业限制条款，并约定在解除或者终止劳动合同后，在竞业限制期限内按月给予劳动者经济补偿。劳动者违反竞业限制约定的，应当按照约定向用人单位支付违约金。

第二十四条 竞业限制的人员限于用人单位的高级管理人员、高级技术人员和其他负有保密义务的人员。竞业限制的范围、地域、期限由用人单位与劳动者约定，竞业限制的约定不得违反法律、法规的规定。

在解除或者终止劳动合同后，前款规定的人员到与本单位生产或者经营同类产品、从事同类业务的有竞争关系的其他用人单位，或者自己开业生产或者经营同类产品、从事同类业务的竞业限制期限，不得超过二年。

第二十五条 除本法第二十二条和第二十三条规定的情形外，用人单位不得与劳动者约定由劳动者承担违约金。

第二十六条 下列劳动合同无效或者部分无效：

（一）以欺诈、胁迫的手段或者乘人之危，使对方在违背真实意思的情况下订立或者变更劳动合同的；

（二）用人单位免除自己的法定责任、排除劳动者权利的；

（三）违反法律、行政法规强制性规定的。

对劳动合同的无效或者部分无效有争议的，由劳动争议仲裁机构或者人民法院确认。

第二十七条 劳动合同部分无效，不影响其他部分效力的，其他部分仍然有效。

第二十八条 劳动合同被确认无效，劳动者已付出劳动的，用人单位应当向劳动者支付劳动报酬。劳动报酬的数额，参照本单位相同或者相近岗位劳动者的劳动报酬确定。

第三章　劳动合同的履行和变更

第二十九条　用人单位与劳动者应当按照劳动合同的约定，全面履行各自的义务。

第三十条　用人单位应当按照劳动合同约定和国家规定，向劳动者及时足额支付劳动报酬。

用人单位拖欠或者未足额支付劳动报酬的，劳动者可以依法向当地人民法院申请支付令，人民法院应当依法发出支付令。

第三十一条　用人单位应当严格执行劳动定额标准，不得强迫或者变相强迫劳动者加班。用人单位安排加班的，应当按照国家有关规定向劳动者支付加班费。

第三十二条　劳动者拒绝用人单位管理人员违章指挥、强令冒险作业的，不视为违反劳动合同。

劳动者对危害生命安全和身体健康的劳动条件，有权对用人单位提出批评、检举和控告。

第三十三条　用人单位变更名称、法定代表人、主要负责人或者投资人等事项，不影响劳动合同的履行。

第三十四条　用人单位发生合并或者分立等情况，原劳动合同继续有效，劳动合同由承继其权利和义务的用人单位继续履行。

第三十五条　用人单位与劳动者协商一致，可以变更劳动合同约定的内容。变更劳动合同，应当采用书面形式。

变更后的劳动合同文本由用人单位和劳动者各执一份。

第四章　劳动合同的解除和终止

第三十六条　用人单位与劳动者协商一致，可以解除劳动合同。

第三十七条　劳动者提前三十日以书面形式通知用人单位，可以解除劳动合同。劳动者在试用期内提前三日通知用人单位，可以解除劳动合同。

第三十八条　用人单位有下列情形之一的，劳动者可以解除劳动合同：

（一）未按照劳动合同约定提供劳动保护或者劳动条件的；

（二）未及时足额支付劳动报酬的；

（三）未依法为劳动者缴纳社会保险费的；

（四）用人单位的规章制度违反法律、法规的规定，损害劳动者权益的；

（五）因本法第二十六条第一款规定的情形致使劳动合同无效的；

（六）法律、行政法规规定劳动者可以解除劳动合同的其他情形。

用人单位以暴力、威胁或者非法限制人身自由的手段强迫劳动者劳动的，或者用人单位违章指挥、强令冒险作业危及劳动者人身安全的，劳动者可以立即解除劳动合同，不需事先告知用人单位。

第三十九条 劳动者有下列情形之一的，用人单位可以解除劳动合同：

（一）在试用期间被证明不符合录用条件的；

（二）严重违反用人单位的规章制度的；

（三）严重失职，营私舞弊，给用人单位造成重大损害的；

（四）劳动者同时与其他用人单位建立劳动关系，对完成本单位的工作任务造成严重影响，或者经用人单位提出，拒不改正的；

（五）因本法第二十六条第一款第一项规定的情形致使劳动合同无效的；

（六）被依法追究刑事责任的。

第四十条 有下列情形之一的，用人单位提前三十日以书面形式通知劳动者本人或者额外支付劳动者一个月工资后，可以解除劳动合同：

（一）劳动者患病或者非因工负伤，在规定的医疗期满后不能从事原工作，也不能从事由用人单位另行安排的工作的；

（二）劳动者不能胜任工作，经过培训或者调整工作岗位，仍不能胜任工作的；

（三）劳动合同订立时所依据的客观情况发生重大变化，致使劳动合同无法履行，经用人单位与劳动者协商，未能就变更劳动合同内容达成协议的。

第四十一条 有下列情形之一，需要裁减人员二十人以上或者裁减不足二十人但占企业职工总数百分之十以上的，用人单位提前三十日向工会或者全体职工说明情况，听取工会或者职工的意见后，裁减人员方案经向劳动行政部门报告，可以裁减人员：

（一）依照企业破产法规定进行重整的；

（二）生产经营发生严重困难的；

（三）企业转产、重大技术革新或者经营方式调整，经变更劳动合同后，仍需裁减人员的；

（四）其他因劳动合同订立时所依据的客观经济情况发生重大变化，致使劳动合同无法履行的。

裁减人员时，应当优先留用下列人员：

（一）与本单位订立较长期限的固定期限劳动合同的；

（二）与本单位订立无固定期限劳动合同的；

（三）家庭无其他就业人员，有需要扶养的老人或者未成年人的。

用人单位依照本条第一款规定裁减人员，在六个月内重新招用人员的，应当通知被裁减的人员，并在同等条件下优先招用被裁减的人员。

第四十二条　劳动者有下列情形之一的，用人单位不得依照本法第四十条、第四十一条的规定解除劳动合同：

（一）从事接触职业病危害作业的劳动者未进行离岗前职业健康检查，或者疑似职业病病人在诊断或者医学观察期间的；

（二）在本单位患职业病或者因工负伤并被确认丧失或者部分丧失劳动能力的；

（三）患病或者非因工负伤，在规定的医疗期内的；

（四）女职工在孕期、产期、哺乳期的；

（五）在本单位连续工作满十五年，且距法定退休年龄不足五年的；

（六）法律、行政法规规定的其他情形。

第四十三条　用人单位单方解除劳动合同，应当事先将理由通知工会。用人单位违反法律、行政法规规定或者劳动合同约定的，工会有权要求用人单位纠正。用人单位应当研究工会的意见，并将处理结果书面通知工会。

第四十四条　有下列情形之一的，劳动合同终止：

（一）劳动合同期满的；

（二）劳动者开始依法享受基本养老保险待遇的；

（三）劳动者死亡，或者被人民法院宣告死亡或者宣告失踪的；

（四）用人单位被依法宣告破产的；

（五）用人单位被吊销营业执照、责令关闭、撤销或者用人单位决定提前解散的；

（六）法律、行政法规规定的其他情形。

第四十五条 劳动合同期满，有本法第四十二条规定情形之一的，劳动合同应当续延至相应的情形消失时终止。但是，本法第四十二条第二项规定丧失或者部分丧失劳动能力劳动者的劳动合同的终止，按照国家有关工伤保险的规定执行。

第四十六条 有下列情形之一的，用人单位应当向劳动者支付经济补偿：

（一）劳动者依照本法第三十八条规定解除劳动合同的；

（二）用人单位依照本法第三十六条规定向劳动者提出解除劳动合同并与劳动者协商一致解除劳动合同的；

（三）用人单位依照本法第四十条规定解除劳动合同的；

（四）用人单位依照本法第四十一条第一款规定解除劳动合同的；

（五）除用人单位维持或者提高劳动合同约定条件续订劳动合同，劳动者不同意续订的情形外，依照本法第四十四条第一项规定终止固定期限劳动合同的；

（六）依照本法第四十四条第四项、第五项规定终止劳动合同的；

（七）法律、行政法规规定的其他情形。

第四十七条 经济补偿按劳动者在本单位工作的年限，每满一年支付一个月工资的标准向劳动者支付。六个月以上不满一年的，按一年计算；不满六个月的，向劳动者支付半个月工资的经济补偿。

劳动者月工资高于用人单位所在直辖市、设区的市级人民政府公布的本地区上年度职工月平均工资三倍的，向其支付经济补偿的标准按职工月平均工资三倍的数额支付，向其支付经济补偿的年限最高不超过十二年。

本条所称月工资是指劳动者在劳动合同解除或者终止前十二个月的平均工资。

第四十八条 用人单位违反本法规定解除或者终止劳动合同，劳动者要求继续履行劳动合同的，用人单位应当继续履行；劳动者不要求继续履行劳动合同或者劳动合同已经不能继续履行的，用人单位应当依照本法第八十七条规定支付赔偿金。

第四十九条 国家采取措施，建立健全劳动者社会保险关系跨地区转移接续制度。

第五十条 用人单位应当在解除或者终止劳动合同时出具解除或者终止劳动合同的证明，并在十五日内为劳动者办理档案和社会保险关系转移手续。

劳动者应当按照双方约定，办理工作交接。用人单位依照本法有关规定应当向劳动者支付经济补偿的，在办结工作交接时支付。

用人单位对已经解除或者终止的劳动合同的文本，至少保存二年备查。

第五章 特别规定

第一节 集体合同

第五十一条 企业职工一方与用人单位通过平等协商，可以就劳动报酬、工作时间、休息休假、劳动安全卫生、保险福利等事项订立集体合同。集体合同草案应当提交职工代表大会或者全体职工讨论通过。

集体合同由工会代表企业职工一方与用人单位订立；尚未建立工会的用人单位，由上级工会指导劳动者推举的代表与用人单位订立。

第五十二条 企业职工一方与用人单位可以订立劳动安全卫生、女职工权益保护、工资调整机制等专项集体合同。

第五十三条 在县级以下区域内，建筑业、采矿业、餐饮服务业等行业可以由工会与企业方面代表订立行业性集体合同，或者订立区域性集体合同。

第五十四条 集体合同订立后，应当报送劳动行政部门；劳动行政部门自收到集体合同文本之日起十五日内未提出异议的，集体合同即行生效。

依法订立的集体合同对用人单位和劳动者具有约束力。行业性、区域性集体合同对当地本行业、本区域的用人单位和劳动者具有约束力。

第五十五条 集体合同中劳动报酬和劳动条件等标准不得低于当地人民政府规定的最低标准；用人单位与劳动者订立的劳动合同中劳动报酬和劳动条件等标准不得低于集体合同规定的标准。

第五十六条 用人单位违反集体合同，侵犯职工劳动权益的，工会可以依法要求用人单位承担责任；因履行集体合同发生争议，经协商解决不成的，工会可以依法申请仲裁、提起诉讼。

第二节 劳务派遣

第五十七条 经营劳务派遣业务应当具备下列条件：

（一）注册资本不得少于人民币二百万元；

（二）有与开展业务相适应的固定的经营场所和设施；

（三）有符合法律、行政法规规定的劳务派遣管理制度；

（四）法律、行政法规规定的其他条件。

经营劳务派遣业务，应当向劳动行政部门依法申请行政许可；经许可的，依法办理相应的公司登记。未经许可，任何单位和个人不得经营劳务派遣业务。

第五十八条 劳务派遣单位是本法所称用人单位，应当履行用人单位对劳动者的义务。劳务派遣单位与被派遣劳动者订立的劳动合同，除应当载明本法第十七条规定的事项外，还应当载明被派遣劳动者的用工单位以及派遣期限、工作岗位等情况。

劳务派遣单位应当与被派遣劳动者订立二年以上的固定期限劳动合同，按月支付劳动报酬；被派遣劳动者在无工作期间，劳务派遣单位应当按照所在地人民政府规定的最低工资标准，向其按月支付报酬。

第五十九条 劳务派遣单位派遣劳动者应当与接受以劳务派遣形式用工的单位（以下称用工单位）订立劳务派遣协议。劳务派遣协议应当约定派遣岗位和人员数量、派遣期限、劳动报酬和社会保险费的数额与支付方式以及违反协议的责任。

用工单位应当根据工作岗位的实际需要与劳务派遣单位确定派遣期限，不得将连续用工期限分割订立数个短期劳务派遣协议。

第六十条 劳务派遣单位应当将劳务派遣协议的内容告知被派遣劳动者。

劳务派遣单位不得克扣用工单位按照劳务派遣协议支付给被派遣劳动者的劳动报酬。

劳务派遣单位和用工单位不得向被派遣劳动者收取费用。

第六十一条 劳务派遣单位跨地区派遣劳动者的，被派遣劳动者享有的劳动报酬和劳动条件，按照用工单位所在地的标准执行。

第六十二条 用工单位应当履行下列义务：

（一）执行国家劳动标准，提供相应的劳动条件和劳动保护；

（二）告知被派遣劳动者的工作要求和劳动报酬；

（三）支付加班费、绩效奖金，提供与工作岗位相关的福利待遇；

（四）对在岗被派遣劳动者进行工作岗位所必需的培训；

（五）连续用工的，实行正常的工资调整机制。

用工单位不得将被派遣劳动者再派遣到其他用人单位。

第六十三条 被派遣劳动者享有与用工单位的劳动者同工同酬的权利。用工单位应当按照同工同酬原则，对被派遣劳动者与本单位同类岗位的劳动者实行相同的劳动报酬分配办法。用工单位无同类岗位劳动者的，参照用工单位所在地相同或者相近岗位劳动者的劳动报酬确定。

劳务派遣单位与被派遣劳动者订立的劳动合同和与用工单位订立的劳务派遣协议，载明或者约定的向被派遣劳动者支付的劳动报酬应当符合前款规定。

第六十四条 被派遣劳动者有权在劳务派遣单位或者用工单位依法参加或者组织工会，维护自身的合法权益。

第六十五条 被派遣劳动者可以依照本法第三十六条、第三十八条的规定与劳务派遣单位解除劳动合同。

被派遣劳动者有本法第三十九条和第四十条第一项、第二项规定情形的，用工单位可以将劳动者退回劳务派遣单位，劳务派遣单位依照本法有关规定，可以与劳动者解除劳动合同。

第六十六条 劳动合同用工是我国的企业基本用工形式。劳务派遣用工是补充形式，只能在临时性、辅助性或者替代性的工作岗位上实施。

前款规定的临时性工作岗位是指存续时间不超过六个月的岗位；辅助性工作岗位是指为主营业务岗位提供服务的非主营业务岗位；替代性工作岗位是指用工单位的劳动者因脱产学习、休假等原因无法工作的一定期间内，可以由其他劳动者替代工作的岗位。

用工单位应当严格控制劳务派遣用工数量，不得超过其用工总量的一定比例，具体比例由国务院劳动行政部门规定。

第六十七条 用人单位不得设立劳务派遣单位向本单位或者所属单位派遣劳动者。

第三节 非全日制用工

第六十八条 非全日制用工，是指以小时计酬为主，劳动者在同一用人单位一般平均每日工作时间不超过四小时，每周工作时间累计不超过二十四小时的用工形式。

第六十九条 非全日制用工双方当事人可以订立口头协议。

从事非全日制用工的劳动者可以与一个或者一个以上用人单位订立劳动合同；但是，后订立的劳动合同不得影响先订立的劳动合同的履行。

第七十条 非全日制用工双方当事人不得约定试用期。

第七十一条 非全日制用工双方当事人任何一方都可以随时通知对方终止用工。终止用工，用人单位不向劳动者支付经济补偿。

第七十二条 非全日制用工小时计酬标准不得低于用人单位所在地人民政府规定的最低小时工资标准。

非全日制用工劳动报酬结算支付周期最长不得超过十五日。

第六章 监督检查

第七十三条 国务院劳动行政部门负责全国劳动合同制度实施的监督管理。

县级以上地方人民政府劳动行政部门负责本行政区域内劳动合同制度实施的监督管理。

县级以上各级人民政府劳动行政部门在劳动合同制度实施的监督管理工作中，应当听取工会、企业方面代表以及有关行业主管部门的意见。

第七十四条 县级以上地方人民政府劳动行政部门依法对下列实施劳动合同制度的情况进行监督检查：

（一）用人单位制定直接涉及劳动者切身利益的规章制度及其执行的情况；

（二）用人单位与劳动者订立和解除劳动合同的情况；

（三）劳务派遣单位和用工单位遵守劳务派遣有关规定的情况；

（四）用人单位遵守国家关于劳动者工作时间和休息休假规定的情况；

（五）用人单位支付劳动合同约定的劳动报酬和执行最低工资标准的情况；

（六）用人单位参加各项社会保险和缴纳社会保险费的情况；

（七）法律、法规规定的其他劳动监察事项。

第七十五条 县级以上地方人民政府劳动行政部门实施监督检查时，有权查阅与劳动合同、集体合同有关的材料，有权对劳动场所进行实地检查，用人单位和劳动者都应当如实提供有关情况和材料。

劳动行政部门的工作人员进行监督检查，应当出示证件，依法行使职权，文明执法。

第七十六条 县级以上人民政府建设、卫生、安全生产监督管理等有关主管部门在各自职责范围内，对用人单位执行劳动合同制度的情况进行监督管理。

第七十七条 劳动者合法权益受到侵害的，有权要求有关部门依法处理，或者依法申请仲裁、提起诉讼。

第七十八条 工会依法维护劳动者的合法权益，对用人单位履行劳动合同、集体合同的情况进行监督。用人单位违反劳动法律、法规和劳动合同、集体合同的，工会有权提出意见或者要求纠正；劳动者申请仲裁、提起诉讼的，工会依法给予支持和帮助。

第七十九条 任何组织或者个人对违反本法的行为都有权举报，县级以上人民政府劳动行政部门应当及时核实、处理，并对举报有功人员给予奖励。

第七章 法律责任

第八十条 用人单位直接涉及劳动者切身利益的规章制度违反法律、法规规定的，由劳动行政部门责令改正，给予警告；给劳动者造成损害的，应当承担赔偿责任。

第八十一条 用人单位提供的劳动合同文本未载明本法规定的劳动合同必备条款或者用人单位未将劳动合同文本交付劳动者的，由劳动行政部门责令改正；给劳动者造成损害的，应当承担赔偿责任。

第八十二条 用人单位自用工之日起超过一个月不满一年未与劳动者订立书面劳动合同的，应当向劳动者每月支付二倍的工资。

用人单位违反本法规定不与劳动者订立无固定期限劳动合同的，自应当订立无固定期限劳动合同之日起向劳动者每月支付二倍的工资。

第八十三条 用人单位违反本法规定与劳动者约定试用期的，由劳动行政部门责令改正；违法约定的试用期已经履行的，由用人单位以劳动者试用期满月工资为标准，按已经履行的超过法定试用期的期间向劳动者支付赔偿金。

第八十四条 用人单位违反本法规定，扣押劳动者居民身份证等证件的，由劳动行政部门责令限期退还劳动者本人，并依照有关法律规定给予处罚。

用人单位违反本法规定，以担保或者其他名义向劳动者收取财物的，由劳动行政部门责令限期退还劳动者本人，并以每人五百元以上二千元以下的标准处以罚款；给劳动者造成损害的，应当承担赔偿责任。

劳动者依法解除或者终止劳动合同，用人单位扣押劳动者档案或者其他物品的，依照前款规定处罚。

第八十五条 用人单位有下列情形之一的，由劳动行政部门责令限期支付劳动报酬、加班费或者经济补偿；劳动报酬低于当地最低工资标准的，应当支付其差额部分；逾期不支付的，责令用人单位按应付金额百分之五十以上百分之一百以下的标准向劳动者加付赔偿金：

（一）未按照劳动合同的约定或者国家规定及时足额支付劳动者劳动报酬的；

（二）低于当地最低工资标准支付劳动者工资的；

（三）安排加班不支付加班费的；

（四）解除或者终止劳动合同，未依照本法规定向劳动者支付经济补偿的。

第八十六条 劳动合同依照本法第二十六条规定被确认无效，给对方造成损害的，有过错的一方应当承担赔偿责任。

第八十七条 用人单位违反本法规定解除或者终止劳动合同的，应当依照本法第四十七条规定的经济补偿标准的二倍向劳动者支付赔偿金。

第八十八条 用人单位有下列情形之一的，依法给予行政处罚；构成犯罪的，依法追究刑事责任；给劳动者造成损害的，应当承担赔偿责任：

（一）以暴力、威胁或者非法限制人身自由的手段强迫劳动的；

（二）违章指挥或者强令冒险作业危及劳动者人身安全的；

（三）侮辱、体罚、殴打、非法搜查或者拘禁劳动者的；

（四）劳动条件恶劣、环境污染严重，给劳动者身心健康造成严重损害的。

第八十九条 用人单位违反本法规定未向劳动者出具解除或者终止劳动合同的书面证明，由劳动行政部门责令改正；给劳动者造成损害的，应当承担赔偿责任。

第九十条 劳动者违反本法规定解除劳动合同，或者违反劳动合同中约定的保密义务或者竞业限制，给用人单位造成损失的，应当承担赔偿责任。

第九十一条 用人单位招用与其他用人单位尚未解除或者终止劳动合同的劳动者，给其他用人单位造成损失的，应当承担连带赔偿责任。

第九十二条 违反本法规定，未经许可，擅自经营劳务派遣业务的，由劳动行政部门责令停止违法行为，没收违法所得，并处违法所得一倍以上五倍以下的罚款；没有违法所得的，可以处五万元以下的罚款。

劳务派遣单位、用工单位违反本法有关劳务派遣规定的，由劳动行政部门责令限期改正；逾期不改正的，以每人五千元以上一万元以下的标准处以罚款，对劳务派遣单位，吊销其劳务派遣业务经营许可证。用工单位给被派遣劳动者造成损害的，劳务派遣单位与用工单位承担连带赔偿责任。

第九十三条 对不具备合法经营资格的用人单位的违法犯罪行为，依法追究法律责任；劳动者已经付出劳动的，该单位或者其出资人应当依照本法有关规定向劳动者支付劳动报酬、经济补偿、赔偿金；给劳动者造成损害的，应当承担赔偿责任。

第九十四条 个人承包经营违反本法规定招用劳动者，给劳动者造成损害的，发包的组织与个人承包经营者承担连带赔偿责任。

第九十五条 劳动行政部门和其他有关主管部门及其工作人员玩忽职守、不履行法定职责，或者违法行使职权，给劳动者或者用人单位造成损害的，应当承担赔偿责任；对直接负责的主管人员和其他直接责任人员，依法给予行政处分；构成犯罪的，依法追究刑事责任。

第八章 附 则

第九十六条 事业单位与实行聘用制的工作人员订立、履行、变更、解除或者终止劳动合同，法律、行政法规或者国务院另有规定的，依照其规定；未作规定的，依照本法有关规定执行。

第九十七条 本法施行前已依法订立且在本法施行之日存续的劳动合同，继续履行；本法第十四条第二款第三项规定连续订立固定期限劳动合同的次数，自本法施行后续订固定期限劳动合同时开始计算。

本法施行前已建立劳动关系，尚未订立书面劳动合同的，应当自本法施行之日起一个月内订立。

本法施行之日存续的劳动合同在本法施行后解除或者终止，依照本法第四十六条规定应当支付经济补偿的，经济补偿年限自本法施行之日起计算；本法施行前按照当时有关规定，用人单位应当向劳动者支付经济补偿的，按照当时有关规定执行。

第九十八条 本法自2008年1月1日起施行。

3. 中华人民共和国劳动争议调解仲裁法

（2007年12月29日第十届全国人民代表大会常务委员会第三十一次会议通过 中华人民共和国主席令第80号）

第一章 总 则

第一条 为了公正及时解决劳动争议，保护当事人合法权益，促进劳动关系和谐稳定，制定本法。

第二条 中华人民共和国境内的用人单位与劳动者发生的下列劳动争议，适用本法：

（一）因确认劳动关系发生的争议；

（二）因订立、履行、变更、解除和终止劳动合同发生的争议；

（三）因除名、辞退和辞职、离职发生的争议；

（四）因工作时间、休息休假、社会保险、福利、培训以及劳动保护发生的争议；

（五）因劳动报酬、工伤医疗费、经济补偿或者赔偿金等发生的争议；

（六）法律、法规规定的其他劳动争议。

第三条 解决劳动争议，应当根据事实，遵循合法、公正、及时、着重调解的原则，依法保护当事人的合法权益。

第四条 发生劳动争议，劳动者可以与用人单位协商，也可以请工会或者第三方共同与用人单位协商，达成和解协议。

第五条 发生劳动争议，当事人不愿协商、协商不成或者达成和解协议后不履行的，可以向调解组织申请调解；不愿调解、调解不成或者达成调解协议后不履行的，可以向劳动争议仲裁委员会申请仲裁；对仲裁裁决不服的，除本法另有规定的外，可以向人民法院提起诉讼。

第六条 发生劳动争议，当事人对自己提出的主张，有责任提供证据。与争议事项有关的证据属于用人单位掌握管理的，用人单位应当提供；用人单位不提供的，应当承担不利后果。

第七条 发生劳动争议的劳动者一方在十人以上，并有共同请求的，可以推举代表参加调解、仲裁或者诉讼活动。

第八条 县级以上人民政府劳动行政部门会同工会和企业方面代表建立协调劳动关系三方机制，共同研究解决劳动争议的重大问题。

第九条 用人单位违反国家规定，拖欠或者未足额支付劳动报酬，或者拖欠工伤医疗费、经济补偿或者赔偿金的，劳动者可以向劳动行政部门投诉，劳动行政部门应当依法处理。

第二章 调　解

第十条 发生劳动争议，当事人可以到下列调解组织申请调解：

（一）企业劳动争议调解委员会；

（二）依法设立的基层人民调解组织；

（三）在乡镇、街道设立的具有劳动争议调解职能的组织。

企业劳动争议调解委员会由职工代表和企业代表组成。职工代表由工会成员担任或者由全体职工推举产生，企业代表由企业负责人指定。企业劳动争议调解委员会主任由工会成员或者双方推举的人员担任。

第十一条 劳动争议调解组织的调解员应当由公道正派、联系群众、热心调解工作，并具有一定法律知识、政策水平和文化水平的成年公民担任。

第十二条 当事人申请劳动争议调解可以书面申请，也可以口头申请。口头申请的，调解组织应当当场记录申请人基本情况、申请调解的争议事项、理由和时间。

第十三条 调解劳动争议，应当充分听取双方当事人对事实和理由的陈述，耐心疏导，帮助其达成协议。

第十四条 经调解达成协议的，应当制作调解协议书。

调解协议书由双方当事人签名或者盖章，经调解员签名并加盖调解组织印章后生效，对双方当事人具有约束力，当事人应当履行。

自劳动争议调解组织收到调解申请之日起十五日内未达成调解协议的，当事人可以依法申请仲裁。

第十五条 达成调解协议后，一方当事人在协议约定期限内不履行调解协议的，另一方当事人可以依法申请仲裁。

第十六条 因支付拖欠劳动报酬、工伤医疗费、经济补偿或者赔偿金事项达成调解协议，用人单位在协议约定期限内不履行的，劳动者可以持调解协议书依法向人民法院申请支付令。人民法院应当依法发出支付令。

第三章 仲 裁

第一节 一般规定

第十七条 劳动争议仲裁委员会按照统筹规划、合理布局和适应实际需要的原则设立。省、自治区人民政府可以决定在市、县设立；直辖市人民政府可以决定在区、县设立。直辖市、设区的市也可以设立一个或者若干个劳动争议仲裁委员会。劳动争议仲裁委员会不按行政区划层层设立。

第十八条 国务院劳动行政部门依照本法有关规定制定仲裁规则。省、自治区、直辖市人民政府劳动行政部门对本行政区域的劳动争议仲裁工作进行指导。

第十九条 劳动争议仲裁委员会由劳动行政部门代表、工会代表和企业方面代表组成。劳动争议仲裁委员会组成人员应当是单数。

劳动争议仲裁委员会依法履行下列职责：

（一）聘任、解聘专职或者兼职仲裁员；

（二）受理劳动争议案件；

（三）讨论重大或者疑难的劳动争议案件；

（四）对仲裁活动进行监督。

劳动争议仲裁委员会下设办事机构，负责办理劳动争议仲裁委员会的日常工作。

第二十条 劳动争议仲裁委员会应当设仲裁员名册。

仲裁员应当公道正派并符合下列条件之一：

（一）曾任审判员的；

（二）从事法律研究、教学工作并具有中级以上职称的；

（三）具有法律知识、从事人力资源管理或者工会等专业工作满五年的；

（四）律师执业满三年的。

第二十一条 劳动争议仲裁委员会负责管辖本区域内发生的劳动争议。

劳动争议由劳动合同履行地或者用人单位所在地的劳动争议仲裁委员会管辖。双方当事人分别向劳动合同履行地和用人单位所在地的劳动争议仲裁委员会申请仲裁的，由劳动合同履行地的劳动争议仲裁委员会管辖。

第二十二条 发生劳动争议的劳动者和用人单位为劳动争议仲裁案件的双方当事人。

劳务派遣单位或者用工单位与劳动者发生劳动争议的，劳务派遣单位和用工单位为共同当事人。

第二十三条 与劳动争议案件的处理结果有利害关系的第三人，可以申请参加仲裁活动或者由劳动争议仲裁委员会通知其参加仲裁活动。

第二十四条 当事人可以委托代理人参加仲裁活动。委托他人参加仲裁活动，应当向劳动争议仲裁委员会提交有委托人签名或者盖章的委托书，委托书应当载明委托事项和权限。

第二十五条 丧失或者部分丧失民事行为能力的劳动者，由其法定代理人代为参加仲裁活动；无法定代理人的，由劳动争议仲裁委员会为其指定代理人。劳动者死亡的，由其近亲属或者代理人参加仲裁活动。

第二十六条 劳动争议仲裁公开进行，但当事人协议不公开进行或者涉及国家秘密、商业秘密和个人隐私的除外。

第二节 申请和受理

第二十七条 劳动争议申请仲裁的时效期间为一年。仲裁时效期间从当事人知道或者应当知道其权利被侵害之日起计算。

前款规定的仲裁时效，因当事人一方向对方当事人主张权利，或者向有关部门请求权利救济，或者对方当事人同意履行义务而中断。从中断时起，仲裁时效期间重新计算。

因不可抗力或者有其他正当理由，当事人不能在本条第一款规定的仲裁时效期间申请仲裁的，仲裁时效中止。从中止时效的原因消除之日起，仲裁时效期间继续计算。

劳动关系存续期间因拖欠劳动报酬发生争议的，劳动者申请仲裁不受本条第一款规定的仲裁时效期间的限制；但是，劳动关系终止的，应当自劳动关系终止之日起一年内提出。

第二十八条 申请人申请仲裁应当提交书面仲裁申请，并按照被申请人人数提交副本。

仲裁申请书应当载明下列事项：

（一）劳动者的姓名、性别、年龄、职业、工作单位和住所，用人单位的名称、住所和法定代表人或者主要负责人的姓名、职务；

（二）仲裁请求和所根据的事实、理由；

（三）证据和证据来源、证人姓名和住所。

书写仲裁申请确有困难的，可以口头申请，由劳动争议仲裁委员会记入笔录，并告知对方当事人。

第二十九条 劳动争议仲裁委员会收到仲裁申请之日起五日内，认为符合受理条件的，应当受理，并通知申请人；认为不符合受理条件的，应当书面通知申请人不予受理，并说明理由。对劳动争议仲裁委员会不予受理或者逾期未作出决定的，申请人可以就该劳动争议事项向人民法院提起诉讼。

第三十条 劳动争议仲裁委员会受理仲裁申请后，应当在五日内将仲裁申请书副本送达被申请人。

被申请人收到仲裁申请书副本后，应当在十日内向劳动争议仲裁委员会提交答辩书。劳动争议仲裁委员会收到答辩书后，应当在五日内将答辩书副本送达申请人。被申请人未提交答辩书的，不影响仲裁程序的进行。

第三节 开庭和裁决

第三十一条 劳动争议仲裁委员会裁决劳动争议案件实行仲裁庭制。仲裁庭由三名仲裁员组成，设首席仲裁员。简单劳动争议案件可以由一名仲裁员独任仲裁。

第三十二条 劳动争议仲裁委员会应当在受理仲裁申请之日起五日内将仲裁庭的组成情况书面通知当事人。

第三十三条　仲裁员有下列情形之一，应当回避，当事人也有权以口头或者书面方式提出回避申请：

（一）是本案当事人或者当事人、代理人的近亲属的；

（二）与本案有利害关系的；

（三）与本案当事人、代理人有其他关系，可能影响公正裁决的；

（四）私自会见当事人、代理人，或者接受当事人、代理人的请客送礼的。

劳动争议仲裁委员会对回避申请应当及时作出决定，并以口头或者书面方式通知当事人。

第三十四条　仲裁员有本法第三十三条第四项规定情形，或者有索贿受贿、徇私舞弊、枉法裁决行为的，应当依法承担法律责任。劳动争议仲裁委员会应当将其解聘。

第三十五条　仲裁庭应当在开庭五日前，将开庭日期、地点书面通知双方当事人。当事人有正当理由的，可以在开庭三日前请求延期开庭。是否延期，由劳动争议仲裁委员会决定。

第三十六条　申请人收到书面通知，无正当理由拒不到庭或者未经仲裁庭同意中途退庭的，可以视为撤回仲裁申请。

被申请人收到书面通知，无正当理由拒不到庭或者未经仲裁庭同意中途退庭的，可以缺席裁决。

第三十七条　仲裁庭对专门性问题认为需要鉴定的，可以交由当事人约定的鉴定机构鉴定；当事人没有约定或者无法达成约定的，由仲裁庭指定的鉴定机构鉴定。

根据当事人的请求或者仲裁庭的要求，鉴定机构应当派鉴定人参加开庭。当事人经仲裁庭许可，可以向鉴定人提问。

第三十八条　当事人在仲裁过程中有权进行质证和辩论。质证和辩论终结时，首席仲裁员或者独任仲裁员应当征询当事人的最后意见。

第三十九条　当事人提供的证据经查证属实的，仲裁庭应当将其作为认定事实的根据。

劳动者无法提供由用人单位掌握管理的与仲裁请求有关的证据，仲裁庭可以要求用人单位在指定期限内提供。用人单位在指定期限内不提供的，应当承担不利后果。

第四十条 仲裁庭应当将开庭情况记入笔录。当事人和其他仲裁参加人认为对自己陈述的记录有遗漏或者差错的，有权申请补正。如果不予补正，应当记录该申请。

笔录由仲裁员、记录人员、当事人和其他仲裁参加人签名或者盖章。

第四十一条 当事人申请劳动争议仲裁后，可以自行和解。达成和解协议的，可以撤回仲裁申请。

第四十二条 仲裁庭在作出裁决前，应当先行调解。

调解达成协议的，仲裁庭应当制作调解书。

调解书应当写明仲裁请求和当事人协议的结果。调解书由仲裁员签名，加盖劳动争议仲裁委员会印章，送达双方当事人。调解书经双方当事人签收后，发生法律效力。

调解不成或者调解书送达前，一方当事人反悔的，仲裁庭应当及时作出裁决。

第四十三条 仲裁庭裁决劳动争议案件，应当自劳动争议仲裁委员会受理仲裁申请之日起四十五日内结束。案情复杂需要延期的，经劳动争议仲裁委员会主任批准，可以延期并书面通知当事人，但是延长期限不得超过十五日。逾期未作出仲裁裁决的，当事人可以就该劳动争议事项向人民法院提起诉讼。

仲裁庭裁决劳动争议案件时，其中一部分事实已经清楚，可以就该部分先行裁决。

第四十四条 仲裁庭对追索劳动报酬、工伤医疗费、经济补偿或者赔偿金的案件，根据当事人的申请，可以裁决先予执行，移送人民法院执行。

仲裁庭裁决先予执行的，应当符合下列条件：

（一）当事人之间权利义务关系明确；

（二）不先予执行将严重影响申请人的生活。

劳动者申请先予执行的，可以不提供担保。

第四十五条 裁决应当按照多数仲裁员的意见作出，少数仲裁员的不同意见应当记入笔录。仲裁庭不能形成多数意见时，裁决应当按照首席仲裁员的意见作出。

第四十六条 裁决书应当载明仲裁请求、争议事实、裁决理由、裁决结果和裁决日期。裁决书由仲裁员签名，加盖劳动争议仲裁委员会印章。对裁决持不同意见的仲裁员，可以签名，也可以不签名。

第四十七条　下列劳动争议，除本法另有规定的外，仲裁裁决为终局裁决，裁决书自作出之日起发生法律效力：

（一）追索劳动报酬、工伤医疗费、经济补偿或者赔偿金，不超过当地月最低工资标准十二个月金额的争议；

（二）因执行国家的劳动标准在工作时间、休息休假、社会保险等方面发生的争议。

第四十八条　劳动者对本法第四十七条规定的仲裁裁决不服的，可以自收到仲裁裁决书之日起十五日内向人民法院提起诉讼。

第四十九条　用人单位有证据证明本法第四十七条规定的仲裁裁决有下列情形之一，可以自收到仲裁裁决书之日起三十日内向劳动争议仲裁委员会所在地的中级人民法院申请撤销裁决：

（一）适用法律、法规确有错误的；

（二）劳动争议仲裁委员会无管辖权的；

（三）违反法定程序的；

（四）裁决所根据的证据是伪造的；

（五）对方当事人隐瞒了足以影响公正裁决的证据的；

（六）仲裁员在仲裁该案时有索贿受贿、徇私舞弊、枉法裁决行为的。

人民法院经组成合议庭审查核实裁决有前款规定情形之一的，应当裁定撤销。

仲裁裁决被人民法院裁定撤销的，当事人可以自收到裁定书之日起十五日内就该劳动争议事项向人民法院提起诉讼。

第五十条　当事人对本法第四十七条规定以外的其他劳动争议案件的仲裁裁决不服的，可以自收到仲裁裁决书之日起十五日内向人民法院提起诉讼；期满不起诉的，裁决书发生法律效力。

第五十一条　当事人对发生法律效力的调解书、裁决书，应当依照规定的期限履行。一方当事人逾期不履行的，另一方当事人可以依照民事诉讼法的有关规定向人民法院申请执行。受理申请的人民法院应当依法执行。

第四章　附　　则

第五十二条　事业单位实行聘用制的工作人员与本单位发生劳动争议的，

依照本法执行；法律、行政法规或者国务院另有规定的，依照其规定。

第五十三条 劳动争议仲裁不收费。劳动争议仲裁委员会的经费由财政予以保障。

第五十四条 本法自2008年5月1日起施行。

4. 中华人民共和国公司法（2018修正）（节录）

（1993年12月29日第八届全国人民代表大会常务委员会第五次会议通过　根据1999年12月25日第九届全国人民代表大会常务委员会第十三次会议《关于修改〈中华人民共和国公司法〉的决定》第一次修正　根据2004年8月28日第十届全国人民代表大会常务委员会第十一次会议《关于修改〈中华人民共和国公司法〉的决定》第二次修正　2005年10月27日第十届全国人民代表大会常务委员会第十八次会议修订　根据2013年12月28日第十二届全国人民代表大会常务委员会第六次会议《关于修改〈中华人民共和国海洋环境保护法〉等七部法律的决定》第三次修正　根据2018年10月26日第十三届全国人民代表大会常务委员会第六次会议《关于修改〈中华人民共和国公司法〉的决定》第四次修正　中华人民共和国主席令第15号）

第十一条 设立公司必须依法制定公司章程。公司章程对公司、股东、董事、监事、高级管理人员具有约束力。

第二十一条 公司的控股股东、实际控制人、董事、监事、高级管理人员不得利用其关联关系损害公司利益。

违反前款规定，给公司造成损失的，应当承担赔偿责任。

第六十九条 国有独资公司的董事长、副董事长、董事、高级管理人员，未经国有资产监督管理机构同意，不得在其他有限责任公司、股份有限公司或者其他经济组织兼职。

第一百一十五条 公司不得直接或者通过子公司向董事、监事、高级管理人员提供借款。

第一百一十六条 公司应当定期向股东披露董事、监事、高级管理人员从公司获得报酬的情况。

第一百四十一条 发起人持有的本公司股份，自公司成立之日起一年内不得转让。公司公开发行股份前已发行的股份，自公司股票在证券交易所上市交易之日起一年内不得转让。

公司董事、监事、高级管理人员应当向公司申报所持有的本公司的股份及其变动情况，在任职期间每年转让的股份不得超过其所持有本公司股份总数的百分之二十五；所持本公司股份自公司股票上市交易之日起一年内不得转让。上述人员离职后半年内，不得转让其所持有的本公司股份。公司章程可以对公司董事、监事、高级管理人员转让其所持有的本公司股份作出其他限制性规定。

第一百四十六条 有下列情形之一的，不得担任公司的董事、监事、高级管理人员：

（一）无民事行为能力或者限制民事行为能力；

（二）因贪污、贿赂、侵占财产、挪用财产或者破坏社会主义市场经济秩序，被判处刑罚，执行期满未逾五年，或者因犯罪被剥夺政治权利，执行期满未逾五年；

（三）担任破产清算的公司、企业的董事或者厂长、经理，对该公司、企业的破产负有个人责任的，自该公司、企业破产清算完结之日起未逾三年；

（四）担任因违法被吊销营业执照、责令关闭的公司、企业的法定代表人，并负有个人责任的，自该公司、企业被吊销营业执照之日起未逾三年；

（五）个人所负数额较大的债务到期未清偿。

公司违反前款规定选举、委派董事、监事或者聘任高级管理人员的，该选举、委派或者聘任无效。

董事、监事、高级管理人员在任职期间出现本条第一款所列情形的，公司应当解除其职务。

第一百四十七条 董事、监事、高级管理人员应当遵守法律、行政法规和公司章程，对公司负有忠实义务和勤勉义务。

董事、监事、高级管理人员不得利用职权收受贿赂或者其他非法收入，不得侵占公司的财产。

董事、监事、高级管理人员在任职期间出现本条第一款所列情形的，公司应当解除其职务。

第一百四十八条 董事、高级管理人员不得有下列行为：

（一）挪用公司资金；

（二）将公司资金以其个人名义或者以其他个人名义开立账户存储；

（三）违反公司章程的规定，未经股东会、股东大会或者董事会同意，将公司资金借贷给他人或者以公司财产为他人提供担保；

（四）违反公司章程的规定或者未经股东会、股东大会同意，与本公司订立合同或者进行交易；

（五）未经股东会或者股东大会同意，利用职务便利为自己或者他人谋取属于公司的商业机会，自营或者为他人经营与所任职公司同类的业务；

（六）接受他人与公司交易的佣金归为己有；

（七）擅自披露公司秘密；

（八）违反对公司忠实义务的其他行为。

董事、高级管理人员违反前款规定所得的收入应当归公司所有。

第一百四十九条 董事、监事、高级管理人员执行公司职务时违反法律、行政法规或者公司章程的规定，给公司造成损失的，应当承担赔偿责任。

第二百一十六条 本法下列用语的含义：

（一）高级管理人员，是指公司的经理、副经理、财务负责人，上市公司董事会秘书和公司章程规定的其他人员。

5. 中华人民共和国企业破产法（节录）

（2006年8月27日第十届全国人民代表大会常务委员会第二十三次会议通过 中华人民共和国主席令第54号）

第三十六条 债务人的董事、监事和高级管理人员利用职权从企业获取的非正常收入和侵占的企业财产，管理人应当追回。

第七十七条 在重整期间，债务人的出资人不得请求投资收益分配。

在重整期间，债务人的董事、监事、高级管理人员不得向第三人转让其持有的债务人的股权。但是，经人民法院同意的除外。

第一百一十三条　破产财产在优先清偿破产费用和共益债务后，依照下列顺序清偿：

（一）破产人所欠职工的工资和医疗、伤残补助、抚恤费用，所欠的应当划入职工个人账户的基本养老保险、基本医疗保险费用，以及法律、行政法规规定应当支付给职工的补偿金；

（二）破产人欠缴的除前项规定以外的社会保险费用和破产人所欠税款；

（三）普通破产债权。

破产财产不足以清偿同一顺序的清偿要求的，按照比例分配。

破产企业的董事、监事和高级管理人员的工资按照该企业职工的平均工资计算。

第一百二十五条　企业董事、监事或者高级管理人员违反忠实义务、勤勉义务，致使所在企业破产的，依法承担民事责任。

有前款规定情形的人员，自破产程序终结之日起三年内不得担任任何企业的董事、监事、高级管理人员。

6. 中华人民共和国民事诉讼法（2017 修正）（节录）

（1991 年 4 月 9 日第七届全国人民代表大会第四次会议通过　根据 2007 年 10 月 28 日第十届全国人民代表大会常务委员会第三十次会议《关于修改〈中华人民共和国民事诉讼法〉的决定》第一次修正　根据 2012 年 8 月 31 日第十一届全国人民代表大会常务委员会第二十八次会议《关于修改〈中华人民共和国民事诉讼法〉的决定》第二次修正　根据 2017 年 6 月 27 日第十二届全国人民代表大会常务委员会第二十八次会议《关于修改〈中华人民共和国民事诉讼法〉和〈中华人民共和国行政诉讼法〉的决定》第三次修正　中华人民共和国主席令第 71 号）

第四十八条　公民、法人和其他组织可以作为民事诉讼的当事人。

法人由其法定代表人进行诉讼。其他组织由其主要负责人进行诉讼。

第八十五条　送达诉讼文书，应当直接送交受送达人。受送达人是公民的，本人不在交他的同住成年家属签收；受送达人是法人或者其他组织的，应当由法人的法定代表人、其他组织的主要负责人或者该法人、组织负责收件的人签收；受送达人有诉讼代理人的，可以送交其代理人签收；受送达人已向人民法院指定代收人的，送交代收人签收。

受送达人的同住成年家属，法人或者其他组织的负责收件的人，诉讼代理人或者代收人在送达回证上签收的日期为送达日期。

第一百一十一条 诉讼参与人或者其他人有下列行为之一的，人民法院可以根据情节轻重予以罚款、拘留；构成犯罪的，依法追究刑事责任：

（一）伪造、毁灭重要证据，妨碍人民法院审理案件的；

（二）以暴力、威胁、贿买方法阻止证人作证或者指使、贿买、胁迫他人作伪证的；

（三）隐藏、转移、变卖、毁损已被查封、扣押的财产，或者已被清点并责令其保管的财产，转移已被冻结的财产的；

（四）对司法工作人员、诉讼参加人、证人、翻译人员、鉴定人、勘验人、协助执行的人，进行侮辱、诽谤、诬陷、殴打或者打击报复的；

（五）以暴力、威胁或者其他方法阻碍司法工作人员执行职务的；

（六）拒不履行人民法院已经发生法律效力的判决、裁定的。

人民法院对有前款规定的行为之一的单位，可以对其主要负责人或者直接责任人员予以罚款、拘留；构成犯罪的，依法追究刑事责任。

第一百一十四条 有义务协助调查、执行的单位有下列行为之一的，人民法院除责令其履行协助义务外，并可以予以罚款：

（一）有关单位拒绝或者妨碍人民法院调查取证的；

（二）有关单位接到人民法院协助执行通知书后，拒不协助查询、扣押、冻结、划拨、变价财产的；

（三）有关单位接到人民法院协助执行通知书后，拒不协助扣留被执行人的收入、办理有关财产权证照转移手续、转交有关票证、证照或者其他财产的；

（四）其他拒绝协助执行的。

人民法院对有前款规定的行为之一的单位，可以对其主要负责人或者直接责任人员予以罚款；对仍不履行协助义务的，可以予以拘留；并可以向监察机关或者有关机关提出予以纪律处分的司法建议。

第二百四十一条　被执行人未按执行通知履行法律文书确定的义务，应当报告当前以及收到执行通知之日前一年的财产情况。被执行人拒绝报告或者虚假报告的，人民法院可以根据情节轻重对被执行人或者其法定代理人、有关单位的主要负责人或者直接责任人员予以罚款、拘留。

第二百四十五条　人民法院查封、扣押财产时，被执行人是公民的，应当通知被执行人或者他的成年家属到场；被执行人是法人或者其他组织的，应当通知其法定代表人或者主要负责人到场。拒不到场的，不影响执行。被执行人是公民的，其工作单位或者财产所在地的基层组织应当派人参加。

对被查封、扣押的财产，执行员必须造具清单，由在场人签名或者盖章后，交被执行人一份。被执行人是公民的，也可以交他的成年家属一份。

第二百五十条　强制迁出房屋或者强制退出土地，由院长签发公告，责令被执行人在指定期间履行。被执行人逾期不履行的，由执行员强制执行。

强制执行时，被执行人是公民的，应当通知被执行人或者他的成年家属到场；被执行人是法人或者其他组织的，应当通知其法定代表人或者主要负责人到场。拒不到场的，不影响执行。被执行人是公民的，其工作单位或者房屋、土地所在地的基层组织应当派人参加。执行员应当将强制执行情况记入笔录，由在场人签名或者盖章。

强制迁出房屋被搬出的财物，由人民法院派人运至指定处所，交给被执行人。被执行人是公民的，也可以交给他的成年家属。因拒绝接收而造成的损失，由被执行人承担。

7. 中华人民共和国劳动合同法实施条例

（2008 年 9 月 3 日国务院第 25 次常务会议通过　中华人民共和国国务院令第 535 号）

第一章　总　　则

第一条　为了贯彻实施《中华人民共和国劳动合同法》（以下简称劳动合同法），制定本条例。

第二条 各级人民政府和县级以上人民政府劳动行政等有关部门以及工会等组织，应当采取措施，推动劳动合同法的贯彻实施，促进劳动关系的和谐。

第三条 依法成立的会计师事务所、律师事务所等合伙组织和基金会，属于劳动合同法规定的用人单位。

第二章 劳动合同的订立

第四条 劳动合同法规定的用人单位设立的分支机构，依法取得营业执照或者登记证书的，可以作为用人单位与劳动者订立劳动合同；未依法取得营业执照或者登记证书的，受用人单位委托可以与劳动者订立劳动合同。

第五条 自用工之日起一个月内，经用人单位书面通知后，劳动者不与用人单位订立书面劳动合同的，用人单位应当书面通知劳动者终止劳动关系，无需向劳动者支付经济补偿，但是应当依法向劳动者支付其实际工作时间的劳动报酬。

第六条 用人单位自用工之日起超过一个月不满一年未与劳动者订立书面劳动合同的，应当依照劳动合同法第八十二条的规定向劳动者每月支付两倍的工资，并与劳动者补订书面劳动合同；劳动者不与用人单位订立书面劳动合同的，用人单位应当书面通知劳动者终止劳动关系，并依照劳动合同法第四十七条的规定支付经济补偿。

前款规定的用人单位向劳动者每月支付两倍工资的起算时间为用工之日起满一个月的次日，截止时间为补订书面劳动合同的前一日。

第七条 用人单位自用工之日起满一年未与劳动者订立书面劳动合同的，自用工之日起满一个月的次日至满一年的前一日应当依照劳动合同法第八十二条的规定向劳动者每月支付两倍的工资，并视为自用工之日起满一年的当日已经与劳动者订立无固定期限劳动合同，应当立即与劳动者补订书面劳动合同。

第八条 劳动合同法第七条规定的职工名册，应当包括劳动者姓名、性别、公民身份号码、户籍地址及现住址、联系方式、用工形式、用工起始时间、劳动合同期限等内容。

第九条 劳动合同法第十四条第二款规定的连续工作满 10 年的起始时间，应当自用人单位用工之日起计算，包括劳动合同法施行前的工作年限。

第十条 劳动者非因本人原因从原用人单位被安排到新用人单位工作的，劳动者在原用人单位的工作年限合并计算为新用人单位的工作年限。原用人单位已经向劳动者支付经济补偿的，新用人单位在依法解除、终止劳动合同计算支付经济补偿的工作年限时，不再计算劳动者在原用人单位的工作年限。

第十一条　除劳动者与用人单位协商一致的情形外，劳动者依照劳动合同法第十四条第二款的规定，提出订立无固定期限劳动合同的，用人单位应当与其订立无固定期限劳动合同。对劳动合同的内容，双方应当按照合法、公平、平等自愿、协商一致、诚实信用的原则协商确定；对协商不一致的内容，依照劳动合同法第十八条的规定执行。

第十二条　地方各级人民政府及县级以上地方人民政府有关部门为安置就业困难人员提供的给予岗位补贴和社会保险补贴的公益性岗位，其劳动合同不适用劳动合同法有关无固定期限劳动合同的规定以及支付经济补偿的规定。

第十三条　用人单位与劳动者不得在劳动合同法第四十四条规定的劳动合同终止情形之外约定其他的劳动合同终止条件。

第十四条　劳动合同履行地与用人单位注册地不一致的，有关劳动者的最低工资标准、劳动保护、劳动条件、职业危害防护和本地区上年度职工月平均工资标准等事项，按照劳动合同履行地的有关规定执行；用人单位注册地的有关标准高于劳动合同履行地的有关标准，且用人单位与劳动者约定按照用人单位注册地的有关规定执行的，从其约定。

第十五条　劳动者在试用期的工资不得低于本单位相同岗位最低档工资的80%或者不得低于劳动合同约定工资的80%，并不得低于用人单位所在地的最低工资标准。

第十六条　劳动合同法第二十二条第二款规定的培训费用，包括用人单位为了对劳动者进行专业技术培训而支付的有凭证的培训费用、培训期间的差旅费用以及因培训产生的用于该劳动者的其他直接费用。

第十七条　劳动合同期满，但是用人单位与劳动者依照劳动合同法第二十二条的规定约定的服务期尚未到期的，劳动合同应当续延至服务期满；双方另有约定的，从其约定。

第三章　劳动合同的解除和终止

第十八条　有下列情形之一的，依照劳动合同法规定的条件、程序，劳动者可以与用人单位解除固定期限劳动合同、无固定期限劳动合同或者以完成一定工作任务为期限的劳动合同：

（一）劳动者与用人单位协商一致的；

（二）劳动者提前30日以书面形式通知用人单位的；

（三）劳动者在试用期内提前3日通知用人单位的；

（四）用人单位未按照劳动合同约定提供劳动保护或者劳动条件的；

（五）用人单位未及时足额支付劳动报酬的；

（六）用人单位未依法为劳动者缴纳社会保险费的；

（七）用人单位的规章制度违反法律、法规的规定，损害劳动者权益的；

（八）用人单位以欺诈、胁迫的手段或者乘人之危，使劳动者在违背真实意思的情况下订立或者变更劳动合同的；

（九）用人单位在劳动合同中免除自己的法定责任、排除劳动者权利的；

（十）用人单位违反法律、行政法规强制性规定的；

（十一）用人单位以暴力、威胁或者非法限制人身自由的手段强迫劳动者劳动的；

（十二）用人单位违章指挥、强令冒险作业危及劳动者人身安全的；

（十三）法律、行政法规规定劳动者可以解除劳动合同的其他情形。

第十九条 有下列情形之一的，依照劳动合同法规定的条件、程序，用人单位可以与劳动者解除固定期限劳动合同、无固定期限劳动合同或者以完成一定工作任务为期限的劳动合同：

（一）用人单位与劳动者协商一致的；

（二）劳动者在试用期间被证明不符合录用条件的；

（三）劳动者严重违反用人单位的规章制度的；

（四）劳动者严重失职，营私舞弊，给用人单位造成重大损害的；

（五）劳动者同时与其他用人单位建立劳动关系，对完成本单位的工作任务造成严重影响，或者经用人单位提出，拒不改正的；

（六）劳动者以欺诈、胁迫的手段或者乘人之危，使用人单位在违背真实意思的情况下订立或者变更劳动合同的；

（七）劳动者被依法追究刑事责任的；

（八）劳动者患病或者非因工负伤，在规定的医疗期满后不能从事原工作，也不能从事由用人单位另行安排的工作的；

（九）劳动者不能胜任工作，经过培训或者调整工作岗位，仍不能胜任工作的；

（十）劳动合同订立时所依据的客观情况发生重大变化，致使劳动合同无法履行，经用人单位与劳动者协商，未能就变更劳动合同内容达成协议的；

（十一）用人单位依照企业破产法规定进行重整的；

（十二）用人单位生产经营发生严重困难的；

（十三）企业转产、重大技术革新或者经营方式调整，经变更劳动合同后，仍需裁减人员的；

（十四）其他因劳动合同订立时所依据的客观经济情况发生重大变化，致使劳动合同无法履行的。

第二十条 用人单位依照劳动合同法第四十条的规定，选择额外支付劳动者一个月工资解除劳动合同的，其额外支付的工资应当按照该劳动者上一个月的工资标准确定。

第二十一条 劳动者达到法定退休年龄的，劳动合同终止。

第二十二条 以完成一定工作任务为期限的劳动合同因任务完成而终止的，用人单位应当依照劳动合同法第四十七条的规定向劳动者支付经济补偿。

第二十三条 用人单位依法终止工伤职工的劳动合同的，除依照劳动合同法第四十七条的规定支付经济补偿外，还应当依照国家有关工伤保险的规定支付一次性工伤医疗补助金和伤残就业补助金。

第二十四条 用人单位出具的解除、终止劳动合同的证明，应当写明劳动合同期限、解除或者终止劳动合同的日期、工作岗位、在本单位的工作年限。

第二十五条 用人单位违反劳动合同法的规定解除或者终止劳动合同，依照劳动合同法第八十七条的规定支付了赔偿金的，不再支付经济补偿。赔偿金的计算年限自用工之日起计算。

第二十六条 用人单位与劳动者约定了服务期，劳动者依照劳动合同法第三十八条的规定解除劳动合同的，不属于违反服务期的约定，用人单位不得要求劳动者支付违约金。

有下列情形之一，用人单位与劳动者解除约定服务期的劳动合同的，劳动者应当按照劳动合同的约定向用人单位支付违约金：

（一）劳动者严重违反用人单位的规章制度的；

（二）劳动者严重失职，营私舞弊，给用人单位造成重大损害的；

（三）劳动者同时与其他用人单位建立劳动关系，对完成本单位的工作任务造成严重影响，或者经用人单位提出，拒不改正的；

（四）劳动者以欺诈、胁迫的手段或者乘人之危，使用人单位在违背真实意思的情况下订立或者变更劳动合同的；

（五）劳动者被依法追究刑事责任的。

第二十七条 劳动合同法第四十七条规定的经济补偿的月工资按照劳动者应得工资计算，包括计时工资或者计件工资以及奖金、津贴和补贴等货币性收入。劳动者在劳动合同解除或者终止前12个月的平均工资低于当地最低工资标准的，按照当地最低工资标准计算。劳动者工作不满12个月的，按照实际工作的月数计算平均工资。

第四章 劳务派遣特别规定

第二十八条 用人单位或者其所属单位出资或者合伙设立的劳务派遣单位，向本单位或者所属单位派遣劳动者的，属于劳动合同法第六十七条规定的不得设立的劳务派遣单位。

第二十九条 用工单位应当履行劳动合同法第六十二条规定的义务，维护被派遣劳动者的合法权益。

第三十条 劳务派遣单位不得以非全日制用工形式招用被派遣劳动者。

第三十一条 劳务派遣单位或者被派遣劳动者依法解除、终止劳动合同的经济补偿，依照劳动合同法第四十六条、第四十七条的规定执行。

第三十二条 劳务派遣单位违法解除或者终止被派遣劳动者的劳动合同的，依照劳动合同法第四十八条的规定执行。

第五章 法律责任

第三十三条 用人单位违反劳动合同法有关建立职工名册规定的，由劳动行政部门责令限期改正；逾期不改正的，由劳动行政部门处2000元以上2万元以下的罚款。

第三十四条 用人单位依照劳动合同法的规定应当向劳动者每月支付两倍的工资或者应当向劳动者支付赔偿金而未支付的，劳动行政部门应当责令用人单位支付。

第三十五条　用工单位违反劳动合同法和本条例有关劳务派遣规定的，由劳动行政部门和其他有关主管部门责令改正；情节严重的，以每位被派遣劳动者1000元以上5000元以下的标准处以罚款；给被派遣劳动者造成损害的，劳务派遣单位和用工单位承担连带赔偿责任。

第六章　附　　则

第三十六条　对违反劳动合同法和本条例的行为的投诉、举报，县级以上地方人民政府劳动行政部门依照《劳动保障监察条例》的规定处理。

第三十七条　劳动者与用人单位因订立、履行、变更、解除或者终止劳动合同发生争议的，依照《中华人民共和国劳动争议调解仲裁法》的规定处理。

第三十八条　本条例自公布之日起施行。

8. 原劳动部关于贯彻执行《中华人民共和国劳动法》若干问题的意见（节录）

（1995年8月4日公布）

11. 根据原劳动部《实施〈劳动法〉中有关劳动合同问题的解答》（劳部发〔1995〕202号）的规定，经理由其上级部门聘任（委任）的，应与聘任（委任）部门签订劳动合同。实行公司制的经理和有关经营管理人员，应依据《中华人民共和国公司法》的规定与董事会签订劳动合同。

9. 国家统计局关于工资总额组成的规定（节录）

（1989年9月30日国务院批准　1990年1月1日国家统计局发布　中华人民共和国国家统计局令第1号）

第四条　工资总额由下列六个部分组成：

（一）计时工资；

（二）计件工资；

（三）奖金；

（四）津贴和补贴；

（五）加班加点工资；

（六）特殊情况下支付的工资。

10. 原劳动部关于印发《工资支付暂行规定》的通知（节录）

（1994 年 12 月 6 日发布　劳部发〔1994〕489 号）

第十二条　非因劳动者原因造成单位停工、停产在一个工资支付周期内的，用人单位应按劳动合同规定的标准支付劳动者工资。超过一个工资支付周期的，若劳动者提供了正常劳动，则支付给劳动者的劳动报酬不得低于当地的最低工资标准；若劳动者没有提供正常劳动，应按国家有关规定办理。

第十三条　用人单位在劳动者完成劳动定额或规定的工作任务后，根据实际需要安排劳动者在法定标准工作时间以外工作的，应按以下标准支付工资：

（一）用人单位依法安排劳动者在日法定标准工作时间以外延长工作时间的，按照不低于劳动合同规定的劳动者本人小时工资标准的 150% 支付劳动者工资；

（二）用人单位依法安排劳动者在休息日工作，而又不能安排补休的，按照不低于劳动合同规定的劳动者本人日或小时工资标准的 200% 支付劳动者工资；

（三）用人单位依法安排劳动者在法定休假节日工作的，按照不低于劳动合同规定的劳动者本人日或小时工资标准的 300% 支付劳动者工资。

实行计件工资的劳动者，在完成计件定额任务后，由用人单位安排延长工作时间的，应根据上述规定的原则，分别按照不低于其本人法定工作时间计件单价的 150%、200%、300% 支付其工资。

经劳动行政部门批准实行综合计算工时工作制的，其综合计算工作时间超过法定标准工作时间的部分，应视为延长工作时间，并应按本规定支付劳动者延长工作时间的工资。

实行不定时工时制度的劳动者，不执行上述规定。

第十五条　用人单位不得克扣劳动者工资。有下列情况之一的，用人单位可以代扣劳动者工资：

（一）用人单位代扣代缴的个人所得税；

（二）用人单位代扣代缴的应由劳动者个人负担的各项社会保险费用；

（三）法院判决、裁定中要求代扣的抚养费、赡养费；

（四）法律、法规规定可以从劳动者工资中扣除的其他费用。

11. 最低工资规定（节录）

（2003 年 12 月 30 日经劳动和社会保障部第 7 次部务会议通过，2004 年 3 月 1 日公布，自 2004 年 3 月 1 日起施行　中华人民共和国劳动和社会保障部令第 21 号）

第三条　本规定所称最低工资标准，是指劳动者在法定工作时间或依法签订的劳动合同约定的工作时间内提供了正常劳动的前提下，用人单位依法应支付的最低劳动报酬。

本规定所称正常劳动，是指劳动者按依法签订的劳动合同约定，在法定工作时间或劳动合同约定的工作时间内从事的劳动。劳动者依法享受带薪年休假、探亲假、婚丧假、生育（产）假、节育手术假等国家规定的假期间，以及法定工作时间内依法参加社会活动期间，视为提供了正常劳动。

附件：最低工资标准测算方法

一、确定最低工资标准应考虑的因素

确定最低工资标准一般考虑城镇居民生活费用支出、职工个人缴纳社会保险费、住房公积金、职工平均工资、失业率、经济发展水平等因素。可用公式表示为：

M = f（C、S、A、U、E、a）

M 最低工资标准；

C 城镇居民人均生活费用；

S 职工个人缴纳社会保险费、住房公积金；

A 职工平均工资；

U 失业率；

E 经济发展水平；

a 调整因素。

二、确定最低工资标准的通用方法

1. 比重法　即根据城镇居民家计调查资料，确定一定比例的最低人均收入户为贫困户，统计出贫困户的人均生活费用支出水平，乘以每一就业者的赡养系数，再加上一个调整数。

2. 恩格尔系数法　即根据国家营养学会提供的年度标准食物谱及标准食物摄取量，结合标准食物的市场价格，计算出最低食物支出标准，除以恩格尔系数，得出最低生活费用标准，再乘以每一就业者的赡养系数，再加上一个调整数。

以上方法计算出月最低工资标准后，再考虑职工个人缴纳社会保险费、住房公积金、职工平均工资水平、社会救济金和失业保险金标准、就业状况、经济发展水平等进行必要的修正。

举例：某地区最低收入组人均每月生活费支出为 210 元，每一就业者赡养系数为 1.87，最低食物费用为 127 元，恩格尔系数为 0.604，平均工资为 900 元。

1. 按比重法计算得出该地区月最低工资标准为：

月最低工资标准 = 210 × 1.87 + a = 393 + a（元）（1）

2. 按恩格尔系数法计算得出该地区月最低工资标准为：

月最低工资标准 = 127 ÷ 0.604 × 1.87 + a = 393 + a（元）（2）

公式（1）与（2）中 a 的调整因素主要考虑当地个人缴纳养老、失业、医疗保险费和住房公积金等费用。

另，按照国际上一般月最低工资标准相当于月平均工资的 40% ~ 60%，则该地区月最低工资标准范围应在 360 元 ~ 540 元之间。

小时最低工资标准 = ［（月最低工资标准 ÷ 20.92 ÷ 8）×（1 + 单位应当缴纳的基本养老保险费、基本医疗保险费比例之和）］×（1 + 浮动系数）

浮动系数的确定主要考虑非全日制就业劳动者工作稳定性、劳动条件和劳动强度、福利等方面与全日制就业人员之间的差异。

各地可参照以上测算办法，根据当地实际情况合理确定月、小时最低工资标准。

12. 原劳动部关于企业实行不定时工作制和综合计算工时工作制的审批办法（节录）

（1994年12月14日公布　劳部发〔1994〕503号）

第三条　企业因生产特点不能实行《中华人民共和国劳动法》第三十六条、第三十八条规定的，可以实行不定时工作制或综合计算工时工作制等其他工作和休息办法。

第四条　企业对符合下列条件之一的职工，可以实行不定时工作制。

（一）企业中的高级管理人员、外勤人员、推销人员、部分值班人员和其他因工作无法按标准工作时间衡量的职工；

（二）企业中的长途运输人员、出租汽车司机和铁路、港口、仓库的部分装卸人员以及因工作性质特殊，需机动作业的职工；

（三）其他因生产特点、工作特殊需要或职责范围的关系，适合实行不定时工作制的职工。

第七条　中央直属企业实行不定时工作制和综合计算工时工作制等其他工作和休息办法的，经国务院行业主管部门审核，报国务院劳动行政部门批准。

地方企业实行不定时工作制和综合计算工时工作制等其他工作和休息办法的审批办法，由各省、自治区、直辖市人民政府劳动行政部门制定，报国务院劳动行政部门备案。

13. 原劳动部关于贯彻《企业职工患病或非因工负伤医疗期规定》的通知（节录）

（1995 年 5 月 23 日发布　劳部发〔1995〕236 号）

第二条　医疗期是指企业职工因患病或非因工负伤停止工作治病休息不得解除劳动合同的时限。

第三条　企业职工因患病或非因工负伤，需要停止工作医疗时，根据本人实际参加工作年限和在本单位工作年限，给予三个月到二十四个月的医疗期：

（一）实际工作年限十年以下的，在本单位工作年限五年以下的为三个月；五年以上的为六个月。

（二）实际工作年限十年以上的，在本单位工作年限五年以下的为六个月；五年以上十年以下的为九个月；十年以上十五年以下的为十二个月；十五年以上二十年以下的为十八个月；二十年以上的为二十四个月。

14. 原劳动部关于企业职工流动若干问题的通知（节录）

（1996 年 10 月 31 日发布　劳部发〔1996〕355 号）

二、用人单位与掌握商业秘密的职工在劳动合同中约定保守商业秘密有关事项时，可以约定在劳动合同终止前或该职工提出解除劳动合同后的一定时间内（不超过六个月），调整其工作岗位，变更劳动合同中相关内容；用人单位也可规定掌握商业秘密的职工在终止或解除劳动合同后的一定期限内（不超过三年），不得到生产同类产品或经营同类业务且有竞争关系的其他用人单位任职，也不得自己生产与原单位有竞争关系的同类产品或经营同类业务，但用人单位应当给予该职工一定数额的经济补偿。

15. 最高人民法院关于审理劳动争议案件适用法律若干问题的解释

（2001年3月22日最高人民法院审判委员会第1165次会议通过 法释〔2001〕14号）

为正确审理劳动争议案件，根据《中华人民共和国劳动法》（以下简称《劳动法》）和《中华人民共和国民事诉讼法》（以下简称《民事诉讼法》）等相关法律之规定，就适用法律的若干问题，作如下解释。

第一条 劳动者与用人单位之间发生的下列纠纷，属于《劳动法》第二条规定的劳动争议，当事人不服劳动争议仲裁委员会作出的裁决，依法向人民法院起诉的，人民法院应当受理：

（一）劳动者与用人单位在履行劳动合同过程中发生的纠纷；

（二）劳动者与用人单位之间没有订立书面劳动合同，但已形成劳动关系后发生的纠纷；

（三）劳动者退休后，与尚未参加社会保险统筹的原用人单位因追索养老金、医疗费、工伤保险待遇和其他社会保险费而发生的纠纷。

第二条 劳动争议仲裁委员会以当事人申请仲裁的事项不属于劳动争议为由，作出不予受理的书面裁决、决定或者通知，当事人不服，依法向人民法院起诉的，人民法院应当分别情况予以处理：

（一）属于劳动争议案件的，应当受理；

（二）虽不属于劳动争议案件，但属于人民法院主管的其他案件，应当依法受理。

第三条 劳动争议仲裁委员会根据《劳动法》第八十二条之规定，以当事人的仲裁申请超过六十日期限为由，作出不予受理的书面裁决、决定或者通知，当事人不服，依法向人民法院起诉的，人民法院应当受理；对确已超过仲裁申请期限，又无不可抗力或者其他正当理由的，依法驳回其诉讼请求。

第四条 劳动争议仲裁委员会以申请仲裁的主体不适格为由，作出不予受理的书面裁决、决定或者通知，当事人不服，依法向人民法院起诉的，经审查，确属主体不适格的，裁定不予受理或者驳回起诉。

第五条 劳动争议仲裁委员会为纠正原仲裁裁决错误重新作出裁决，当事人不服，依法向人民法院起诉的，人民法院应当受理。

第六条 人民法院受理劳动争议案件后，当事人增加诉讼请求的，如该诉讼请求与讼争的劳动争议具有不可分性，应当合并审理；如属独立的劳动争议，应当告知当事人向劳动争议仲裁委员会申请仲裁。

第七条 劳动争议仲裁委员会仲裁的事项不属于人民法院受理的案件范围，当事人不服，依法向人民法院起诉的，裁定不予受理或者驳回起诉。

第八条 劳动争议案件由用人单位所在地或者劳动合同履行地的基层人民法院管辖。

劳动合同履行地不明确的，由用人单位所在地的基层人民法院管辖。

第九条 当事人双方不服劳动争议仲裁委员会作出的同一仲裁裁决，均向同一人民法院起诉的，先起诉的一方当事人为原告，但对双方的诉讼请求，人民法院应当一并作出裁决。

当事人双方就同一仲裁裁决分别向有管辖权的人民法院起诉的，后受理的人民法院应当将案件移送给先受理的人民法院。

第十条 用人单位与其他单位合并的，合并前发生的劳动争议，由合并后的单位为当事人；用人单位分立为若干单位的，其分立前发生的劳动争议，由分立后的实际用人单位为当事人。

用人单位分立为若干单位后，对承受劳动权利义务的单位不明确的，分立后的单位均为当事人。

第十一条 用人单位招用尚未解除劳动合同的劳动者，原用人单位与劳动者发生的劳动争议，可以列新的用人单位为第三人。

原用人单位以新的用人单位侵权为由向人民法院起诉的，可以列劳动者为第三人。

原用人单位以新的用人单位和劳动者共同侵权为由向人民法院起诉的，新的用人单位和劳动者列为共同被告。

第十二条 劳动者在用人单位与其他平等主体之间的承包经营期间，与发包方和承包方双方或者一方发生劳动争议，依法向人民法院起诉的，应当将承包方和发包方作为当事人。

第十三条 因用人单位作出的开除、除名、辞退、解除劳动合同、减少劳动报酬、计算劳动者工作年限等决定而发生的劳动争议，用人单位负举证责任。

第十四条　劳动合同被确认为无效后，用人单位对劳动者付出的劳动，一般可参照本单位同期、同工种、同岗位的工资标准支付劳动报酬。

根据《劳动法》第九十七条之规定，由于用人单位的原因订立的无效合同，给劳动者造成损害的，应当比照违反和解除劳动合同经济补偿金的支付标准，赔偿劳动者因合同无效所造成的经济损失。

第十五条　用人单位有下列情形之一，迫使劳动者提出解除劳动合同的，用人单位应当支付劳动者的劳动报酬和经济补偿，并可支付赔偿金：

（一）以暴力、威胁或者非法限制人身自由的手段强迫劳动的；

（二）未按照劳动合同约定支付劳动报酬或者提供劳动条件的；

（三）克扣或者无故拖欠劳动者工资的；

（四）拒不支付劳动者延长工作时间工资报酬的；

（五）低于当地最低工资标准支付劳动者工资的。

第十六条　劳动合同期满后，劳动者仍在原用人单位工作，原用人单位未表示异议的，视为双方同意以原条件继续履行劳动合同。一方提出终止劳动关系的，人民法院应当支持。

根据《劳动法》第二十条之规定，用人单位应当与劳动者签订无固定期限劳动合同而未签订的，人民法院可以视为双方之间存在无固定期限劳动合同关系，并以原劳动合同确定双方的权利义务关系。

第十七条　劳动争议仲裁委员会作出仲裁裁决后，当事人对裁决中的部分事项不服，依法向人民法院起诉的，劳动争议仲裁裁决不发生法律效力。

第十八条　劳动争议仲裁委员会对多个劳动者的劳动争议作出仲裁裁决后，部分劳动者对仲裁裁决不服，依法向人民法院起诉的，仲裁裁决对提出起诉的劳动者不发生法律效力；对未提出起诉的部分劳动者，发生法律效力，如其申请执行的，人民法院应当受理。

第十九条　用人单位根据《劳动法》第四条之规定，通过民主程序制定的规章制度，不违反国家法律、行政法规及政策规定，并已向劳动者公示的，可以作为人民法院审理劳动争议案件的依据。

第二十条　用人单位对劳动者作出的开除、除名、辞退等处理，或者因其他原因解除劳动合同确有错误的，人民法院可以依法判决予以撤销。

对于追索劳动报酬、养老金、医疗费以及工伤保险待遇、经济补偿金、培训费及其他相关费用等案件，给付数额不当的，人民法院可以予以变更。

第二十一条 当事人申请人民法院执行劳动争议仲裁机构作出的发生法律效力的裁决书、调解书，被申请人提出证据证明劳动争议仲裁裁决书、调解书有下列情形之一，并经审查核实的，人民法院可以根据《民事诉讼法》第二百一十七条之规定，裁定不予执行：

（一）裁决的事项不属于劳动争议仲裁范围，或者劳动争议仲裁机构无权仲裁的；

（二）适用法律确有错误的；

（三）仲裁员仲裁该案时，有徇私舞弊、枉法裁决行为的；

（四）人民法院认定执行该劳动争议仲裁裁决违背社会公共利益的。

人民法院在不予执行的裁定书中，应当告知当事人在收到裁定书之次日起三十日内，可以就该劳动争议事项向人民法院起诉。

16. 最高人民法院关于审理劳动争议案件适用法律若干问题的解释（二）

(2006 年 7 月 10 日由最高人民法院审判委员会第 1393 次会议通过　法释〔2006〕6 号)

为正确审理劳动争议案件，根据《中华人民共和国劳动法》《中华人民共和国民事诉讼法》等相关法律规定，结合民事审判实践，对人民法院审理劳动争议案件适用法律的若干问题补充解释如下：

第一条 人民法院审理劳动争议案件，对下列情形，视为劳动法第八十二条规定的“劳动争议发生之日”：

（一）在劳动关系存续期间产生的支付工资争议，用人单位能够证明已经书面通知劳动者拒付工资的，书面通知送达之日为劳动争议发生之日。用人单位不能证明的，劳动者主张权利之日为劳动争议发生之日。

（二）因解除或者终止劳动关系产生的争议，用人单位不能证明劳动者收到解除或者终止劳动关系书面通知时间的，劳动者主张权利之日为劳动争议发生之日。

（三）劳动关系解除或者终止后产生的支付工资、经济补偿金、福利待遇等争议，劳动者能够证明用人单位承诺支付的时间为解除或者终止劳动关系后的具体日期的，用人单位承诺支付之日为劳动争议发生之日。劳动者不能证明的，解除或者终止劳动关系之日为劳动争议发生之日。

第二条　拖欠工资争议，劳动者申请仲裁时劳动关系仍然存续，用人单位以劳动者申请仲裁超过六十日为由主张不再支付的，人民法院不予支持。但用人单位能够证明劳动者已经收到拒付工资的书面通知的除外。

第三条　劳动者以用人单位的工资欠条为证据直接向人民法院起诉，诉讼请求不涉及劳动关系其他争议的，视为拖欠劳动报酬争议，按照普通民事纠纷受理。

第四条　用人单位和劳动者因劳动关系是否已经解除或者终止，以及应否支付解除或终止劳动关系经济补偿金产生的争议，经劳动争议仲裁委员会仲裁后，当事人依法起诉的，人民法院应予受理。

第五条　劳动者与用人单位解除或者终止劳动关系后，请求用人单位返还其收取的劳动合同定金、保证金、抵押金、抵押物产生的争议，或者办理劳动者的人事档案、社会保险关系等移转手续产生的争议，经劳动争议仲裁委员会仲裁后，当事人依法起诉的，人民法院应予受理。

第六条　劳动者因为工伤、职业病，请求用人单位依法承担给予工伤保险待遇的争议，经劳动争议仲裁委员会仲裁后，当事人依法起诉的，人民法院应予受理。

第七条　下列纠纷不属于劳动争议：

（一）劳动者请求社会保险经办机构发放社会保险金的纠纷；

（二）劳动者与用人单位因住房制度改革产生的公有住房转让纠纷；

（三）劳动者对劳动能力鉴定委员会的伤残等级鉴定结论或者对职业病诊断鉴定委员会的职业病诊断鉴定结论的异议纠纷；

（四）家庭或者个人与家政服务人员之间的纠纷；

（五）个体工匠与帮工、学徒之间的纠纷；

（六）农村承包经营户与受雇人之间的纠纷。

第八条 当事人不服劳动争议仲裁委员会作出的预先支付劳动者部分工资或者医疗费用的裁决，向人民法院起诉的，人民法院不予受理。

用人单位不履行上述裁决中的给付义务，劳动者依法向人民法院申请强制执行的，人民法院应予受理。

第九条 劳动者与起有字号的个体工商户产生的劳动争议诉讼，人民法院应当以营业执照上登记的字号为当事人，但应同时注明该字号业主的自然情况。

第十条 劳动者因履行劳动力派遣合同产生劳动争议而起诉，以派遣单位为被告；争议内容涉及接受单位的，以派遣单位和接受单位为共同被告。

第十一条 劳动者和用人单位均不服劳动争议仲裁委员会的同一裁决，向同一人民法院起诉的，人民法院应当并案审理，双方当事人互为原告和被告。在诉讼过程中，一方当事人撤诉的，人民法院应当根据另一方当事人的诉讼请求继续审理。

第十二条 当事人能够证明在申请仲裁期间内因不可抗力或者其他客观原因无法申请仲裁的，人民法院应当认定申请仲裁期间中止，从中止的原因消灭之次日起，申请仲裁期间连续计算。

第十三条 当事人能够证明在申请仲裁期间内具有下列情形之一的，人民法院应当认定申请仲裁期间中断：

（一）向对方当事人主张权利；

（二）向有关部门请求权利救济；

（三）对方当事人同意履行义务。

申请仲裁期间中断的，从对方当事人明确拒绝履行义务，或者有关部门作出处理决定或明确表示不予处理时起，申请仲裁期间重新计算。

第十四条 在诉讼过程中，劳动者向人民法院申请采取财产保全措施，人民法院经审查认为申请人经济确有困难，或有证据证明用人单位存在欠薪逃匿可能的，应当减轻或者免除劳动者提供担保的义务，及时采取保全措施。

第十五条 人民法院作出的财产保全裁定中，应当告知当事人在劳动仲裁机构的裁决书或者在人民法院的裁判文书生效后三个月内申请强制执行。逾期不申请的，人民法院应当裁定解除保全措施。

第十六条 用人单位制定的内部规章制度与集体合同或者劳动合同约定的内容不一致，劳动者请求优先适用合同约定的，人民法院应予支持。

第十七条 当事人在劳动争议调解委员会主持下达成的具有劳动权利义务内容的调解协议，具有劳动合同的约束力，可以作为人民法院裁判的根据。

当事人在劳动争议调解委员会主持下仅就劳动报酬争议达成调解协议，用人单位不履行调解协议确定的给付义务，劳动者直接向人民法院起诉的，人民法院可以按照普通民事纠纷受理。

第十八条 本解释自二〇〇六年十月一日起施行。本解释施行前本院颁布的有关司法解释与本解释规定不一致的，以本解释的规定为准。

本解释施行后，人民法院尚未审结的一审、二审案件适用本解释。本解释施行前已经审结的案件，不得适用本解释的规定进行再审。

17. 最高人民法院关于审理劳动争议案件适用法律若干问题的解释（三）

（2010年7月12日由最高人民法院审判委员会第1489次会议通过　法释〔2010〕12号）

为正确审理劳动争议案件，根据《中华人民共和国劳动法》《中华人民共和国劳动合同法》《中华人民共和国劳动争议调解仲裁法》《中华人民共和国民事诉讼法》等相关法律规定，结合民事审判实践，特作如下解释。

第一条 劳动者以用人单位未为其办理社会保险手续，且社会保险经办机构不能补办导致其无法享受社会保险待遇为由，要求用人单位赔偿损失而发生争议的，人民法院应予受理。

第二条 因企业自主进行改制引发的争议，人民法院应予受理。

第三条 劳动者依据劳动合同法第八十五条规定，向人民法院提起诉讼，要求用人单位支付加付赔偿金的，人民法院应予受理。

第四条 劳动者与未办理营业执照、营业执照被吊销或者营业期限届满仍继续经营的用人单位发生争议的，应当将用人单位或者其出资人列为当事人。

第五条 未办理营业执照、营业执照被吊销或者营业期限届满仍继续经营的用人单位，以挂靠等方式借用他人营业执照经营的，应当将用人单位和营业执照出借方列为当事人。

第六条 当事人不服劳动人事争议仲裁委员会作出的仲裁裁决，依法向人民法院提起诉讼，人民法院审查认为仲裁裁决遗漏了必须共同参加仲裁的当事人的，应当依法追加遗漏的人为诉讼当事人。

被追加的当事人应当承担责任的，人民法院应当一并处理。

第七条 用人单位与其招用的已经依法享受养老保险待遇或领取退休金的人员发生用工争议，向人民法院提起诉讼的，人民法院应当按劳务关系处理。

第八条 企业停薪留职人员、未达到法定退休年龄的内退人员、下岗待岗人员以及企业经营性停产放长假人员，因与新的用人单位发生用工争议，依法向人民法院提起诉讼的，人民法院应当按劳动关系处理。

第九条 劳动者主张加班费的，应当就加班事实的存在承担举证责任。但劳动者有证据证明用人单位掌握加班事实存在的证据，用人单位不提供的，由用人单位承担不利后果。

第十条 劳动者与用人单位就解除或者终止劳动合同办理相关手续、支付工资报酬、加班费、经济补偿或者赔偿金等达成的协议，不违反法律、行政法规的强制性规定，且不存在欺诈、胁迫或者乘人之危情形的，应当认定有效。

前款协议存在重大误解或者显失公平情形，当事人请求撤销的，人民法院应予支持。

第十一条 劳动人事争议仲裁委员会作出的调解书已经发生法律效力，一方当事人反悔提起诉讼的，人民法院不予受理；已经受理的，裁定驳回起诉。

第十二条 劳动人事争议仲裁委员会逾期未作出受理决定或仲裁裁决，当事人直接提起诉讼的，人民法院应予受理，但申请仲裁的案件存在下列事由的除外：

（一）移送管辖的；

（二）正在送达或送达延误的；

（三）等待另案诉讼结果、评残结论的；

（四）正在等待劳动人事争议仲裁委员会开庭的；

（五）启动鉴定程序或者委托其他部门调查取证的；

（六）其他正当事由。

当事人以劳动人事争议仲裁委员会逾期未作出仲裁裁决为由提起诉讼的，

应当提交劳动人事争议仲裁委员会出具的受理通知书或者其他已接受仲裁申请的凭证或证明。

第十三条　劳动者依据调解仲裁法第四十七条第（一）项规定，追索劳动报酬、工伤医疗费、经济补偿或者赔偿金，如果仲裁裁决涉及数项，每项确定的数额均不超过当地月最低工资标准十二个月金额的，应当按照终局裁决处理。

第十四条　劳动人事争议仲裁委员会作出的同一仲裁裁决同时包含终局裁决事项和非终局裁决事项，当事人不服该仲裁裁决向人民法院提起诉讼的，应当按照非终局裁决处理。

第十五条　劳动者依据调解仲裁法第四十八条规定向基层人民法院提起诉讼，用人单位依据调解仲裁法第四十九条规定向劳动人事争议仲裁委员会所在地的中级人民法院申请撤销仲裁裁决的，中级人民法院应不予受理；已经受理的，应当裁定驳回申请。

被人民法院驳回起诉或者劳动者撤诉的，用人单位可以自收到裁定书之日起三十日内，向劳动人事争议仲裁委员会所在地的中级人民法院申请撤销仲裁裁决。

第十六条　用人单位依照调解仲裁法第四十九条规定向中级人民法院申请撤销仲裁裁决，中级人民法院作出的驳回申请或者撤销仲裁裁决的裁定为终审裁定。

第十七条　劳动者依据劳动合同法第三十条第二款和调解仲裁法第十六条规定向人民法院申请支付令，符合民事诉讼法第十七章督促程序规定的，人民法院应予受理。

依据劳动合同法第三十条第二款规定申请支付令被人民法院裁定终结督促程序后，劳动者就劳动争议事项直接向人民法院起诉的，人民法院应当告知其先向劳动人事争议仲裁委员会申请仲裁。

依据调解仲裁法第十六条规定申请支付令被人民法院裁定终结督促程序后，劳动者依据调解协议直接向人民法院提起诉讼的，人民法院应予受理。

第十八条　劳动人事争议仲裁委员会作出终局裁决，劳动者向人民法院申请执行，用人单位向劳动人事争议仲裁委员会所在地的中级人民法院申请撤销的，人民法院应当裁定中止执行。

用人单位撤回撤销终局裁决申请或者其申请被驳回的，人民法院应当裁定恢复执行。仲裁裁决被撤销的，人民法院应当裁定终结执行。

用人单位向人民法院申请撤销仲裁裁决被驳回后，又在执行程序中以相同理由提出不予执行抗辩的，人民法院不予支持。

18. 最高人民法院关于审理劳动争议案件适用法律若干问题的解释（四）

（2012 年 12 月 31 日由最高人民法院审判委员会第 1566 次会议通过　法释〔2013〕4 号）

为正确审理劳动争议案件，根据《中华人民共和国劳动法》《中华人民共和国劳动合同法》《中华人民共和国劳动争议调解仲裁法》《中华人民共和国民事诉讼法》等相关法律规定，结合民事审判实践，就适用法律的若干问题，作如下解释：

第一条　劳动人事争议仲裁委员会以无管辖权为由对劳动争议案件不予受理，当事人提起诉讼的，人民法院按照以下情形分别处理：

（一）经审查认为该劳动人事争议仲裁委员会对案件确无管辖权的，应当告知当事人向有管辖权的劳动人事争议仲裁委员会申请仲裁；

（二）经审查认为该劳动人事争议仲裁委员会有管辖权的，应当告知当事人申请仲裁，并将审查意见书面通知该劳动人事争议仲裁委员会，劳动人事争议仲裁委员会仍不受理，当事人就该劳动争议事项提起诉讼的，应予受理。

第二条　仲裁裁决的类型以仲裁裁决书确定为准。

仲裁裁决书未载明该裁决为终局裁决或非终局裁决，用人单位不服该仲裁裁决向基层人民法院提起诉讼的，应当按照以下情形分别处理：

（一）经审查认为该仲裁裁决为非终局裁决的，基层人民法院应予受理；

（二）经审查认为该仲裁裁决为终局裁决的，基层人民法院不予受理，但应告知用人单位可以自收到不予受理裁定书之日起三十日内向劳动人事争议仲裁委员会所在地的中级人民法院申请撤销该仲裁裁决；已经受理的，裁定驳回起诉。

第三条 中级人民法院审理用人单位申请撤销终局裁决的案件，应当组成合议庭开庭审理。经过阅卷、调查和询问当事人，对没有新的事实、证据或者理由，合议庭认为不需要开庭审理的，可以不开庭审理。

中级人民法院可以组织双方当事人调解。达成调解协议的，可以制作调解书。一方当事人逾期不履行调解协议的，另一方可以申请人民法院强制执行。

第四条 当事人在人民调解委员会主持下仅就给付义务达成的调解协议，双方认为有必要的，可以共同向人民调解委员会所在地的基层人民法院申请司法确认。

第五条 劳动者非因本人原因从原用人单位被安排到新用人单位工作，原用人单位未支付经济补偿，劳动者依照劳动合同法第三十八条规定与新用人单位解除劳动合同，或者新用人单位向劳动者提出解除、终止劳动合同，在计算支付经济补偿或赔偿金的工作年限时，劳动者请求把在原用人单位的工作年限合并计算为新用人单位工作年限的，人民法院应予支持。

用人单位符合下列情形之一的，应当认定属于“劳动者非因本人原因从原用人单位被安排到新用人单位工作”：

（一）劳动者仍在原工作场所、工作岗位工作，劳动合同主体由原用人单位变更为新用人单位；

（二）用人单位以组织委派或任命形式对劳动者进行工作调动；

（三）因用人单位合并、分立等原因导致劳动者工作调动；

（四）用人单位及其关联企业与劳动者轮流订立劳动合同；

（五）其他合理情形。

第六条 当事人在劳动合同或者保密协议中约定了竞业限制，但未约定解除或者终止劳动合同后给予劳动者经济补偿，劳动者履行了竞业限制义务，要求用人单位按照劳动者在劳动合同解除或者终止前十二个月平均工资的 30% 按月支付经济补偿的，人民法院应予支持。

前款规定的月平均工资的 30% 低于劳动合同履行地最低工资标准的，按照劳动合同履行地最低工资标准支付。

第七条 当事人在劳动合同或者保密协议中约定了竞业限制和经济补偿，当事人解除劳动合同时，除另有约定外，用人单位要求劳动者履行竞业限制义务，或者劳动者履行了竞业限制义务后要求用人单位支付经济补偿的，人民法院应予支持。

第八条 当事人在劳动合同或者保密协议中约定了竞业限制和经济补偿，劳动合同解除或者终止后，因用人单位的原因导致三个月未支付经济补偿，劳动者请求解除竞业限制约定的，人民法院应予支持。

第九条 在竞业限制期限内，用人单位请求解除竞业限制协议时，人民法院应予支持。

在解除竞业限制协议时，劳动者请求用人单位额外支付劳动者三个月的竞业限制经济补偿的，人民法院应予支持。

第十条 劳动者违反竞业限制约定，向用人单位支付违约金后，用人单位要求劳动者按照约定继续履行竞业限制义务的，人民法院应予支持。

第十一条 变更劳动合同未采用书面形式，但已经实际履行了口头变更的劳动合同超过一个月，且变更后的劳动合同内容不违反法律、行政法规、国家政策以及公序良俗，当事人以未采用书面形式为由主张劳动合同变更无效的，人民法院不予支持。

第十二条 建立了工会组织的用人单位解除劳动合同符合劳动合同法第三十九条、第四十条规定，但未按照劳动合同法第四十三条规定事先通知工会，劳动者以用人单位违法解除劳动合同为由请求用人单位支付赔偿金的，人民法院应予支持，但起诉前用人单位已经补正有关程序的除外。

第十三条 劳动合同法施行后，因用人单位经营期限届满不再继续经营导致劳动合同不能继续履行，劳动者请求用人单位支付经济补偿的，人民法院应予支持。

第十四条 外国人、无国籍人未依法取得就业证件即与中国境内的用人单位签订劳动合同，以及香港特别行政区、澳门特别行政区和台湾地区居民未依法取得就业证件即与内地用人单位签订劳动合同，当事人请求确认与用人单位存在劳动关系的，人民法院不予支持。

持有《外国专家证》并取得《外国专家来华工作许可证》的外国人，与中国境内的用人单位建立用工关系的，可以认定为劳动关系。

第十五条 本解释施行前本院颁布的有关司法解释与本解释抵触的，自本解释施行之日起不再适用。

本解释施行后尚未终审的劳动争议纠纷案件，适用本解释；本解释施行前已经终审，当事人申请再审或者按照审判监督程序决定再审的，不适用本解释。

19. 最高人民法院关于适用《中华人民共和国民事诉讼法》的解释（节录）

（2014年12月18日最高人民法院审判委员会第1636次会议通过 法释〔2015〕5号）

第一百三十条 向法人或者其他组织送达诉讼文书，应当由法人的法定代表人、该组织的主要负责人或者办公室、收发室、值班室等负责收件的人签收或者盖章，拒绝签收或者盖章的，适用留置送达。

民事诉讼法第八十六条规定的有关基层组织和所在单位的代表，可以是受送达人住所地的居民委员会、村民委员会的工作人员以及受送达人所在单位的工作人员。

第一百九十一条 单位有民事诉讼法第一百一十二条或者第一百一十三条规定行为的，人民法院应当对该单位进行罚款，并可以对其主要负责人或者直接责任人员予以罚款、拘留；构成犯罪的，依法追究刑事责任。

20. 北京市劳动合同规定（节录）

（2001年12月13日北京市人民政府第43次常务委员会议通过 北京市人民政府令第91号）

第四十条 劳动合同期限届满前，用人单位应当提前30日将终止或者续订劳动合同意向以书面形式通知劳动者，经协商办理终止或者续订劳动合同手续。

第四十七条 用人单位违反本规定第四十条规定，终止劳动合同未提前30

日通知劳动者的，以劳动者上月日平均工资为标准，每延迟 1 日支付劳动者 1 日工资的赔偿金。

21. 上海市劳动合同条例（节录）

(2001 年 11 月 15 日上海市人大及其常委会发布　上海市人大常委会公告第 58 号)

第三十七条　有下列情形之一的，劳动合同终止：

（一）劳动合同期满的；

（二）当事人约定的劳动合同终止条件出现的；

（三）用人单位破产、解散或者被撤销的；

（四）劳动者退休、退职、死亡的。

劳动合同当事人实际已不履行劳动合同满三个月的，劳动合同可以终止。

劳动者患职业病、因工负伤，被确认为部分丧失劳动能力，用人单位按照规定支付伤残就业补助金的，劳动合同可以终止。

第四十二条　有下列情形之一的，用人单位应当根据劳动者在本单位工作年限，每满一年给予劳动者本人一个月工资收入的经济补偿：

（一）用人单位依据本条例第二十九条规定提出与劳动者解除劳动合同的；

（二）劳动者依据本条例第三十一条第二项、第三项规定解除劳动合同的；

（三）用人单位依据本条例第三十二条第一款第二项解除劳动合同的；

（四）用人单位依据本条例第三十二条第一款第一项、第三项的规定解除劳动合同的；

（五）用人单位依据本条例第三十五条规定解除劳动合同的；

（六）用人单位依据本条例第三十七条第三项规定终止劳动合同的。

有前款第一项、第二项、第三项规定情形之一的，补偿总额一般不超过劳动者十二个月的工资收入，但当事人约定超过的，从其约定。

22. 四川省失业保险条例（节录）

（2001年7月21日四川省人大及其常委会发布 四川省九届人大常委会公告第53号）

第二十四条 失业保险金的发放标准，一般按照失业人员原单位所在地同期最低工资标准的70%执行；省人民政府可根据实际情况进行调整。

失业人员领取失业保险金后，符合城市居民最低生活保障条件的，还可享受城市居民最低生活保障待遇。

23. 四川省人力资源和社会保障厅、四川省财政厅关于调整失业保险金标准有关问题的通知（节录）

（2010年8月5日发布 川人社发〔2010〕39号）

各市（州）人事局、劳动和社会保障局：

日前，省政府下发了《四川省人民政府关于调整全省最低工资标准的通知》（川府发［2010］22号），决定将全省最低工资标准调整为每月650元、710元、780元、850元。根据《四川省失业保险条例》规定，现将调整失业保险金标准有关事项通知如下：

一、调整标准。各地失业保险金发放标准，按照当地政府确定的最低工资标准70%执行，其他失业保险待遇标准和支付合同期满未续订或提前解除劳动合同的农民合同制工人一次性生活补助标准按规定相应调整。

二、调整时间。各地失业保险金标准调整时间与省政府规定的最低工资标准调整时间一致，于2010年8月1日起实施。

三、工作要求。各地要及时制定具体的工作实施方案，抓好工作落实，切实保障失业人员的合法权益。并于2010年8月30日前，将有关情况报省厅就业和失业保险处，同时抄报省就业局失业保险处。

24. 北京市高级人民法院、北京市劳动争议仲裁委员会关于劳动争议案件法律适用问题研讨会会议纪要（节录）

36. 用人单位在《劳动合同法》实施前制定的规章制度，虽未经过《劳动合同法》第四条第二款规定的民主程序，但内容未违反法律、行政法规及政策规定，并已向劳动者公示或告知的，可以作为用人单位用工管理的依据。

37. 用人单位与劳动者在劳动合同或保密协议中约定了竞业限制条款，用人单位如在此后认为劳动者不必履行竞业限制约定的，应当明确告知劳动者。在用人单位告知前劳动者已按约定履行了义务，因此要求用人单位支付履行期间经济补偿的，应予支持。

38. 用人单位与劳动者在劳动合同或保密协议中约定了竞业限制条款，但未就补偿费的给付或具体给付标准进行约定，不应据此认定竞业限制条款无效，双方在劳动关系存续期间或在解除、终止劳动合同时，可以通过协商予以补救，经协商不能达成一致的，可按照双方劳动关系终止前最后一个年度劳动者工资的20%～60%确定补偿费数额。用人单位明确表示不支付补偿费的，竞业限制条款对劳动者不具有约束力。

劳动者与用人单位未约定竞业限制期限的，应由双方协商确定，经协商不能达成一致的，限制期最长不得超过两年。

25. 北京市高级人民法院、北京市劳动争议仲裁委员会关于劳动争议案件法律适用问题研讨会会议纪要（二）（节录）

31. 用人单位法定代表人、高管人员、人事管理部门负责人或主管人员未与用人单位订立书面劳动合同并依据《劳动合同法》第八十二条规定向用人单位主张二倍工资的，应否支持？

用人单位法定代表人依据《劳动合同法》第八十二条规定向用人单位主张

二倍工资的，一般不予支持。

用人单位高管人员依据《劳动合同法》第八十二条规定向用人单位主张二倍工资的，可予支持，但用人单位能够证明该高管人员职责范围包括管理订立劳动合同内容的除外。对有证据证明高管人员向用人单位提出签订劳动合同而被拒绝的，仍可支持高管人员的二倍工资请求。

用人单位的人事管理部门负责人或主管人员依据《劳动合同法》第八十二条规定向用人单位主张二倍工资的，如用人单位能够证明订立劳动合同属于该人事管理部门负责人的工作职责，可不予支持。有证据证明人事管理部门负责人或主管人员向用人单位提出签订劳动合同，而用人单位予以拒绝的除外。

26. 上海市高级人民法院关于适用《劳动合同法》若干问题的意见（节录）

（2009年3月3日发布　沪高法〔2009〕73号）

十三、当事人对竞业限制条款约定不清的处理

劳动合同当事人仅约定劳动者应当履行竞业限制义务，但未约定是否向劳动者支付补偿金，或者虽约定向劳动者支付补偿金但未明确约定具体支付标准的，基于当事人就竞业限制有一致的意思表示，可以认为竞业限制条款对双方仍有约束力。补偿金数额不明的，双方可以继续就补偿金的标准进行协商；协商不能达成一致的，用人单位应当按照劳动者此前正常工资的20%～50%支付。协商不能达成一致的，限制期最长不得超过两年。

27. 广东省高级人民法院、广东省劳动人事争议仲裁委员会关于审理劳动人事争议案件若干问题的座谈会纪要（节录）

（2011年11月8日公布　苏高法审委〔2011〕14号）

二、适用《劳动合同法》的若干意见

21. 劳动合同解除或者终止后，劳动者请求用人单位支付竞业限制经济补偿或以用人单位未按约定支付竞业限制经济补偿为由要求不履行竞业限制义务，对用人单位以其在劳动关系存续期间向劳动者支付的劳动报酬已包含竞业限制经济补偿提出的抗辩，不予支持。

28. 江苏省高级人民法院关于印发《关于审理劳动人事争议案件的指导意见（二）》的通知（节录）

二、劳动合同的履行

第十一条　用人单位与负有保密义务的劳动者约定了竞业限制条款，并在劳动关系存续期间先行给付了合同约定且不低于法定标准的经济补偿，劳动合同解除或终止后，劳动者请求确认该竞业限制条款无效的，不予支持。如用人单位在劳动关系存续期间先行给付经济补偿的数额低于法定标准的，应予补足；用人单位在劳动合同解除或终止后超过一个月仍未补足的，除劳动者要求履行外，该竞业限制条款对劳动者不具有法律约束力。

图书在版编目(CIP)数据

高管人员人力资源管理法律指南／泰和泰劳动人事法律中心编. -- 北京:法律出版社,2020

ISBN 978-7-5197-4458-8

Ⅰ. ①高… Ⅱ. ①泰… Ⅲ. ①企业管理-人力资源管理-劳动法-中国-指南 Ⅳ. ①D922.5-62

中国版本图书馆CIP数据核字(2020)第068446号

高管人员人力资源管理法律指南
GAOGUAN RENYUAN RENLI ZIYUAN GUANLI FALÜ ZHINAN

泰和泰劳动人事法律中心 编

策划编辑 邢艳萍
责任编辑 邢艳萍 张 颖
装帧设计 汪奇峰 臧晓飞

出版 法律出版社
总发行 中国法律图书有限公司
经销 新华书店
印刷 天津嘉恒印务有限公司
责任印制 吕亚莉

编辑统筹 法律应用出版分社
开本 710毫米×1000毫米 1/16
印张 14
字数 265千
版本 2020年6月第1版
印次 2020年6月第1次印刷

法律出版社／北京市丰台区莲花池西里7号(100073)
网址／www.lawpress.com.cn
投稿邮箱／info@lawpress.com.cn
举报维权邮箱／jbwq@lawpress.com.cn
销售热线／400-660-8393
咨询电话／010-63939796

中国法律图书有限公司／北京市丰台区莲花池西里7号(100073)
全国各地中法图分、子公司销售电话:
统一销售客服／400-660-8393/6393
第一法律书店／010-83938432/8433 西安分公司／029-85330678 重庆分公司／023-67453036
上海分公司／021-62071639/1636 深圳分公司／0755-83072995

书号:ISBN 978-7-5197-4458-8 **定价**:55.00元
(如有缺页或倒装,中国法律图书有限公司负责退换)